生きる力を古人に学ぶ

円空・益軒・良寛らから学ぶ今を生き抜く力

井口 範之

郁朋社

まえがき

現代社会の特色の一つは、生活の機械化であります。町中にしろ家庭内にしろ、大少色々な物が各種機械となって鎮座しています。人間も朝から晩寝るまで、様々な機械のお世話になっている次第であります。まず朝の起床が目覚まし時計に始まり、通勤には車を使い、会社に着けば机上にはコンピューターが待っています。ポケットには携帯電話があり、室温はクーラーで自動調節されています。人は機械の森の中で、機械に使われているようにして働いているようにも見えます。機械は、お世辞も言わず、相手が疲れていようが、一服したがろうが、お構いなしに、早く早くと急き立てるように、無表情で対応してきます。

未開地のジャングル内の人々は、手付かずの森と川の辺で生活しています。自然と共に暮らしています。道具は、鍋と斧と吹き矢だけだと思います。吹き矢で獲物を獲り、斧で肉をさいて、鍋で煮て食べる料理の日々です。時間は十分にあるので、心豊かに日々を過ごすことができましょう。

最近は、望んで「田舎暮らし」を求めて、田園生活に引っ越しする人も良く見かけるそうです。多分、近代化の都市生活の慌ただしさよりも、田舎暮らしの自然との共生や、手作りの親密さを味わいたい、ということかもしれませんね。

近代化生活の、高度な文化生活の良さは、贅沢な生活感を味わわせてくれて、最高の幸福感を体験させてくれる無上のものかもしれません。人々は、そう信じて文明の追求に明け暮れて、高度の成果をあげてくれたのは事実であります。人々は、近代化の生活を手に入れたお陰で、幸福感をより多く味わえるようになったのも事実であります。

これは誠に有り難いことでもあると言えましょう。

しかし、一方では、近代化の合理化と経済化に追われて、自分を見失ってしまう人も出てきたのも事実です。言わば「文明の力」に押し流されるような事態になってしまったといえましょう。人間は、生き物であり、知情意の体現を希求するものでもあると思います。機械に流され、無機質な日々を送ることに耐えられないのも、ごく普通のことだと思います。防いでも防ぎ切れないことかもしれませんが、対応の道を考えなければならないのも事実でしょう。それほど深刻でなくても、人は人としての生き方をしたいと願うものでもあります。

その課題をお示ししたいのが本書の意図であります。

それは、例えて言うならば、右足に、「文明の力」を保有するとするならば、左足には、人としての「生きる力」を確保して、両足で力強く歩いてほしいということです。文明の力に押し流されやすい現代において、生きる力を保持することで、その危機を乗り越えてほしいという願いであります。

本書では生きる力の保持と育成のために、四本の柱として提案させてもらっております。真に自分に合った「生きる力」を堅持して、自己を悔いなく生きてほしいと願うものです。文中からヒントを得てもらえれば、誠に有り難いことと存ずる次第です。

生きる力を古人に学ぶ／目次

第四章　楽しみを持つ

第一章　自己愛と自己実現

御釈迦様は、生まれてすぐ「天上天下唯我独尊」と宣言されたという言い伝えがあります。自らこの世で最高に尊い人間であると言われたわけです。しかし現代では、人間平等で誰もが同じ様に大切と説きます。福沢諭吉は「天は人の上に人を作らず人の下に人を作らず」と言ったといいます。子供が生まれたご両親は「この世で最高の宝物を授かった」と言って喜びます。

人は「天から授かった宝もの」であります。

先刻ご承知しながら忘れがちなこのことを、話題にするのも良いと思いました。殊に、自分を大切に思うことは、変に思う方もいるかもしれませんが、自分を大切に思うことは一番大切なことであることを、この第一節で、確認できたらと願う次第です。

自己愛のヒントを見付けてもらえれば幸いです。

優勝したスポーツ選手が、インタビューに答えて「自分をほめてあげたい」という言葉をよく耳にします。初めは、耳慣れない感じでしたが、今は慣れました。

そして、自分を誉めるとは、大切なことなのだと思うようになりました。

それは、自分を理解し、自分を愛するという、最も大切なことを意味すると思えるからです。理解するとは、愛護することの別表現でもあります。

更に発展して厳しい苦難な練習を乗り越えて、目標を掲げて精進することを意味します。

自己理解と自己前進の大切さを、『心の治癒力』の著者チベット仏教高僧トゥクル・トンドウップの言葉を借りると次のようです。

①まわりを気にせず自信を育てることが最良の友である。

②恐れをやめて実際にやってみれば能力が確信できる。

③小さな一歩にも感謝し満足して進歩を増大させる。

④好き嫌いや愛憎の感情を去って物事を清らかに見る。

⑤エネルギーを修行にささげて絶えず精進する。

⑥心のバランスを保ちプラスの感情を中心とする。

等です。

ここでは、自己理解と前進の実践者としての円空について考えてみましょう。

広く全国を巡回し、地主神《じぬしのかみ》を供養するべく無数とも言える仏像を彫刻することは、彼の「生き甲斐」であり、「自己実現の完成」でありました。そこで「生き甲斐」と「自己実現」

の重要性を考えたいのがこの章であります。

1、人間は考える葦である

「山路来て何やらゆかし菫草《すみれ》」

有名な松尾芭蕉の『野ざらし紀行』にある俳句であります。名句の鑑賞はさておいて、「生きること」を考えてみたいのです。

そこは山路ですから、気象条件は良くないでしょうし、成育のための肥料状況も良くないでしょう。肝心の見てくれる昆虫も当てになりませんから、咲く生き甲斐も持てないような状況です。しかし、菫草は、与えられた条件の中で、懸命に生きる力を発揮していると思われます。植物は、自力で移動も会話もできないで、自然の条件に従って命を継承して何億年を生きてきたのであります。

一方、これに対して人間は移動もでき、動作も自由で、更に考える力を与えられて思い通りの生き方をして、何万年の命を繋いできました。

「人間は考える葦である」という有名なパスカルの言葉があります。自由に考える力を得たために人類は偉大な事業を成し遂げて、命を繋いできました。考えることのもたらす幸運は計り知れないものがあります。発明、発見、文化、全ての恩恵は、考えることから出発しています。

2、生きる力の時代性

貝原益軒は、その『養生訓』で「養生の道は、まずわが身をそこなふ物を去るべし。身をそこなふ物とは、内慾と外邪となり。内慾とは飲食の慾、好色の慾、ねぶりの慾、言語をほしいままにするの慾と、喜怒憂思悲恐驚の七情の慾を言う。外邪とは天の四気なり。風寒暑湿を言う。……病なくして天年を永くたもつべし」と述べています。

身を損なうものとして、上記を挙げているわけですが、現代ならば、身に危害を与えるものは、交通事故や自然災害、あるいはストレスや心の病の方が大きいかもしれませんね。心身健康面から見て、時代の違いもはっきりしていますが、職業技能では更に大きな違いが生まれています。江戸時代ならば、「読み書きソロバン」が必須科目でしたが、今は九科目とか課外の語学、コンピューター技術、その他が「生きる力」に欠かせない、時代による要請の差がわかります。

「生きる力」はかく多岐多様であることがわかります。

3、生きる力の多面性

大草原に生活する人にとっては、機動力としての馬なり車なりは欠かせないもので、その利用法に長けているかいないかも生きる力に関係するでしょう。

適材適所という言葉があるように、同じ会社のなかでも、生きやすい部署と生きにくい部署ができるように、「生きる力」とは多様な面を持っていますので、一言で「生きる力を育てる」といっても、なかなか言い尽くせるものではないでしょうが。

ここで、ごく基本的に欠かせない「生きる力」を萎縮させない、手近かに考えたい事項を取り上げて、参考にしたいと思います。

一、自己愛、使命感等、生を受けた責任を思うこと。
二、養生保全に配慮して、長生して世の中に尽くせること。

三、環境に順応することで存在感を増す努力をすること。
四、癒しや休養を得てよりよい日々を送れること。
「生きること」に必要不可欠な事項として、右の四項目に配慮していくことで、自己を成長させ自己実現を目指す生き甲斐ある人生となることを願っております。

日常生活で結構「見る自分と見られる自分」の心理的な出来事が生ずるものであります。そこで大切なことは、基本的には「自己愛」が持続されているということであります。明日のある自分を信じて、必ず改善されて好ましい状態が訪れることを信じられる自分になることであります。

自己愛があると言うのは、良い思い出があるとか、自分の長所が自覚されているとか、過去の状態が好ましかったこともありましょうが、今、することがあるとか、生き甲斐の事柄を持っているとかの、使命感や責任感とか、あるいは、夢見ていること、実現したい欲求等も大切な要素となるものです。他人への奉仕活動の気持ち等も、自分を活かす事柄として大事なことであります。

否定的でないことが何より重要で、否定的な考えを、謙遜の一種と考えるのは誤った考え方であると思ったほうがよいでしょう。

自分を愛することというと、傲慢になって他人に対して威張り散らすことと、勘違いする人がいます。自分を偉ぶることが自分を愛することではありません。むしろ、謙虚な態度とか、他を丁重に扱うことも大切なことであります。

4、円空仏を彫る円空

仏像と言えば、どなたもすぐ何々寺の何像と思い描ける程に、日本人にはなじみの貴重な文化財であります。人々の敬虔な祈りに応えるに相応しい崇高な容貌と美しい姿態の像を作る為に、その製作に携わった製作者達の苦心も想像することができます。更には作成の伝統も、師弟関係の厳しさが在ったかもしれません。

そのような中で、円空は、いわば新しい形の仏像を創案したといってもよいほどの見事な仏像を数々作成した、勇気と創造力と努力を思うことができます。

そして、その勇気と創造力と努力の陰に、円空を決意させる何ものかがあったに違いありませんし、良き指導者がいたのかもしれません。更に言えば母の愛が彼を動かした、あるいは父への思いがあったのかもしれません。

円空は二十三歳の時、預けられた徳仁寺を出て「自分は十二万の仏軀を彫刻するぞ」の決意をもって、富士山に登り、必ず成就することを社前に誓ったということです。すると社前に権現が現れて、一個の鉈《なた》をさずけてくれたといいます。円空の遠大なそして強固な生涯の計画の決意を語るものと言うことができましょう。修錬や修行の経験の上に立って、将来の計画を立てることは見込みある計画として良いでしょうが、経験も未熟なうちに大きな計画を立てるということは、大変な決心のいることであったろうと思います。

円空の彫った円空仏と言われる神仏像は、近畿地方を中心に東海・関東・東北・北海道まで、実に六千二百体と言われ、簡素な彫刻ながらその魅力にあふれた表情を掘り出すには大変なエネルギーが要ったことだろうと思います。幼くして慈愛あふれる母を失った深い悲しみは、やがて広く万民への思いと広がり、産生神《うぶすな》を守護するために、地神を供養する願いへとつながり、一万体の仏像を彫るという使命感に成っていったものだと思います。尊い自己を励ますためにも、あわせて修験僧として木食《もくじき》修行にもつとめたのでありましょう。

円空の作成した仏像は、単に荒削りの彫刻のように見えるが、誠に妙手というほどの上手な腕前と『近世畸人伝』が既に讃えておりました。特にその顔の表情は簡素な造形ながら、人を引きつけて止まない魅力がありました。

像の種類はそれこそ多様ですが、その大きさも立木に梯子を掛けて彫刻した、三メートルの仁王像から数センチの千体仏まで多彩でありました。

5、円空の生きる力の源

円空に関する書籍は数多く出版されています。それらの本文をお読み頂ければ、偉大な人柄と業績は一目瞭然ですが、その生誕と幼少時は、恵まれないものがあったと思われます。その年譜においても不明として語られていないのでありますが、円空のその後の偉大な造仏と修行の歩みと、終生忘れ得なかった母への思いから、円空の生きる力の源と成ったものを、私なりに推理して、以下のように思うのであります。

円空は不幸にして、母一人子一人の家庭に育ちました。

そのような子を、飛騨地方では「まつばり子」と、からかわれたといいます（『歓喜する円空』梅原猛）。誠に悲しく哀れな境遇でありましたが、母親はからかわれて家に帰る我が子をしっかりと抱きしめて「命の尊さと、力強く生きることの大切さ」を教えたに違いありません。円空は、母の温もりを肌で感じて、自己の大切さと、母の恩に感動しながら、悲しみを乗り越えねばと決意したことでありましょう。

円空は、「まつばり子」という言葉は忘れても、肌に感じた母の温もりだけは生涯忘れることはなかったでしょう。人にとっては、幼児の母子の愛の温もりこそ、力強く生きる力のもとを成すことを知るのです。

生きる力のもとになるものは、自分への可能性や使命感等、やる気の出るもとと言われる事柄を持つことが大切でありますが、少なくともあきらめや、否定的考えや虚無的になってはなりません。そうした心も、幼い時の、父母との暖かい関係が生みだすものであろうと思います。子供心の微妙さに、大人も気づかなくてはならないようです。

円空上人は、短歌を詠みました。万葉集や古今集を学んだようで、古今集の歌を本歌取りした歌が多いと（『飛騨と円空』池之端甚衛著）言われています。それは木喰僧の修行には和歌の学習があるようなのですが、彼は千六百首もの歌をつくっているとのことであります。

円空上人七歳の頃、長良川の洪水で、最愛の母を失い、近所の徳仁寺に預けられて後修験僧として世に出た時の円空の歌に「われ母の命にかわる袈裟なれや法の形は万代をへん」があります。亡き母を慕い、その供養を使命と思っていたと考えても良いのではないかと思うのです。

三重県志摩市の阿児《あご》町の薬師堂には、「大般若教」の見返しに挿絵のような絵が多数はられていて、それは円空作の絵画であるといいます。梅原猛氏は、その女神の像の中に円空が、女人を一人書き加えたのを発見されて、円空はこの時悟りを開いたであろうと述べておられます。円空の心の中に何時までも母への思いがあったのだと思います。

円空の生きる力の基となっていたものの一つは、幼い頃に培われた母と子の強い信頼関係であり、忘れ得ぬ、母の励ましの言葉であったかもしれません。それらが強い自己愛の力となって偉大な事業を成し遂げる原動力となったと思います。

6、円空に学ぶ

円空三十二歳出家までの経歴は不明ということですが、その時、すでに仏像造りを始めたということですから、円空仏という優美にしてしかも清澄な刻線は、十二万体の仏像を刻むという発願を完成させる為に、言わば、彫刻の草書体ともいうような、簡略にして美しい表情を考案して、魅力あふれる仏像を制作することに成功したのではないでしょうか。生きる力の基本の一つは「自己愛」とまとめることができますが、自己愛の内容はいくつも考えられます。

一つは、自己に対する肯定観であり、効力感であります。また、役割り感や奉仕感、存在感による行動もありましょう。更には、博愛感や使命感に基づく夢実現の欲求も傲慢な心でなければ広く自己愛と呼べると思います。円空は山岳修行として、木喰や千日行、洞窟での修行その他、厳しい数々の修験僧としての荒行を重ねたようであります。それも、その地神を供養するためであり、その地の庶民の福を招き、禍を除くことを願ってのものでした。（『円空』池田勇次著）

7、円空の略歴

円空は、一六三二年（寛永九年）に美濃国に「まつばり子」として生まれそして、七歳の時、長良川の洪水により母を亡くしました。一人っ子となったので近所の徳仁寺に預けられてそこで修行することになりました。その後、二十三歳で白山信仰の修験者となり放浪の旅の末、三十二歳の頃より、神仏像の造像活動をはじめたようです。

遍歴は、岐阜、愛知に始まり関東、東北から北海道まで広く各地を回って寺社に神仏像を寄進したようであります。その数合わせて五千とも六千とも言われております。

また、三重県志摩市の薬師堂では、大般若経の修理を頼まれてその挿絵百八十枚を円空流に描いたものが残っているそうです。円空仏と同じ様な特色を感じさせる絵画となっています。各地遍歴のうちにも修行僧として、白山に二度の山岳修行をしました、洞窟での木喰修行も欠かさずに行った他、沢山の短歌も創作もしたということです。

その足跡は誠に豊富で見事なもの、しかも修験僧の身を忘れない態度等人々に愛される生涯を送った円空ですが、終焉の地として、母を奪った忘れ得ぬ長良川河畔に祠を作り六十四年の生涯を閉じたのであります。魅力あふれる無数の円空仏を各地に奉納し続けた円空は、今更に多くの人々を引きつけていると思います。

8、円空の紹介

将軍吉宗の命を受けて作られた飛騨地方誌の『飛州志』（一八〇三年）の中に、円空のことを紹介した記事が載っています。その一部を記しますと、

「岩窟、寺社等ニ多ク木仏アリ。円空ト云僧ノ作ル処也。其彫刻スル所ノ仏像、全備成就セシモノヲ未見、其面相ノミ在ツテ余印相等分明ナラズ。俗ノ荒削リト云フニヒトシ。仏像ヲ造リネ其地ニ収メ捨ヌ。我多年仏像ヲ造リ其地神ヲ供養スルノミ。」と、（詳しくは後ページ参照のこと。）

名古屋市の荒子観音寺の住職の全精という人によって書かれた『浄海雑記』（一八五八年）にも円空のことがしるされています。

「自ラ十二万ノ仏躯ヲ彫刻スルノ大願ヲ発シ、他時富士山ニ上リ社前ニ祈誓ス。少アつつテ社頭鳴動シ権現親ラ一個ノ鉈ヲ授ク。」（同前に同じ）

歌人の伴蒿蹊《ばんこうけい》が著した『近世畸人伝』（一七九〇年）にも載せられています。

「僧円空葉、美濃国竹か鼻といふ所の人也。稚きより出家し、某の寺にありしが、二十三にて遁れ出、富士山に籠り、加賀白山にこもる。円空もてるものは鉈一丁のみ。常にこれをもて仏像を刻むを所作とす。国中大に災にかかるべしといい、彼鉈にて、千体の仏像を不日にて作りて池に沈め、その後何の故もなし。窟上人といひならへるは窟に住む故か

も。」（詳細は次ページ参照）

時を経ずして、人物伝が三誌に紹介されたということは、当時から円空の人柄によることであろうと思います。

大事業を成し遂げた努力と使命感のような堅い決意と、日頃の精進を怠らない謙虚さのような他利の心得と、人柄の清々しさを感じさせる仏像の線の美しさ等、が人を引きつけて止まないのだろうと思われるのであります。

円空が終始修行を忘れずにいたことが、その支えであろうと思います。

円空の人柄を中にして、生きる力を支え育むものを次に述べたいと思います。

『飛州志』『浄海雑記』『近世畸人伝』の本文を引用します。

因に三誌の完成はほぼ次の通りです。
①飛州志　一八〇三年　享和三年（円空死後百八年頃）
②近世畸人伝　一七九〇年　寛政二年（〃九十五年〃）
③浄海雑記　一八五八年　安政五年（〃百六十三年〃）

「円空上人、姓ハ藤原、氏ハ加藤、西濃安八郡中村之産也。幼キ時、台門ニ帰シ、僧ト為ル。稍《やや》長ズルニ及テ、我尾高田精舎ノ某ニ就キテ胎金両部ノ密法ヲ◯ケ、□□無垢清浄捨身ノ業者ト為リ、純ラ行基僧正ノ人為ルヲ慕ヒ、自ラ十二万ノ仏軀ヲ彫刻スル之大願ヲ発シ、他時富士山ニ登リ、夙ニ願満足センコトヲ社前ニ祈誓ス。少アツテ社頭鳴動シ権現親ラ一箇ノ鉈ヲ授ク。上人之ヲ受ケ下山シ、縁ニ随テ身ヲ託シ、仏像ヲ彫刻スルコト此ニ一旬、彼ニ三旬シテ、後チ復、我尾ニ来リ当山ニ寓シ、殊ニ本尊観世音大士ヲ崇敬シ、先ヅ金剛力士ノ二大像ヲ鏤刻シテ以テ山門ニ按ジ、次ニ大少数千軀之仏身ヲ彫刻ス。故ニ今猶存スル者最モ多シ。是ニ於テ上人ノ徳音遂ニ天聴ニ達シ、詔リシ上人号及ビ錦繍之袈裟ヲ賜フ。上人拝受シテ、後復、故郷ニ帰リ、精堂一宇ヲ開基シテ、宇宝ト号ス。後復、北濃武義郡池尻村ノ弥勒寺ニ遷リ、焉ニ居ル。坐禅観法、勇猛精進シテ昼夜不臥、以テ往生ノ浄業ヲ修ス。終ニ死期ヲ知リ、天賜之袈裟ヲ被テ、端坐合掌シテ入寂ス。維ノ時、元禄八年乙亥秋七月十五日也」(円空上人は西濃安八郡中村の生まれ。行基を慕い、自ら十二万の仏像を彫る大願を発し、尾張に来て、まず金剛力士の二大像を、次いで大少数千体の仏像を彫った。後に故郷に帰り、宇宝寺を開く。その後、北濃武儀郡池尻の弥勒寺に移って死期を知り、端坐合掌して元禄八年七月十五日に入寂した)

円空の死後百六十三年目に書かれた『浄海雑記』

「本土ニ於テ、高岳ノ巌窟、或ハ山中ノ寺社ノ深林等ニ多ク木仏アリ。円空ト云僧ノ作ル処也。按ズルニ其彫刻スル所ノ仏像、今州内ニ多シト云ヘドモ、全備成就セシモノヲ未見。其面相ノミ在ツテ、其余印相等分明ナラズ。俗ノ荒削ト云フニヒトシ。然レドモ、空其業未熟ニシテ、斯ク造リ出スニハ非ザルカ。元来妙手ナルベキモノト見エタリ。各仏身ノ後ニハ梵文ヲ書セリ。姓氏或ハ何国ノ産何レノ宗派ト云フコトヲ不知。疑フラクハ是台密ノ徒タルカ。何レノ年本土ニ入ツテ深山ニ居レルヤ。凡延宝ノ頃、山中ノ民始メテ是ヲ見タリ。薙刀一柄ヲ携ヘ、常ニ仏像ヲ造リ、則其地ニ収メ捨ヌ。仍テ空ガ来由ヲ尋問フニ、敢テ答ヘズ。我山岳ニ居テ多年仏像ヲ造リ、其地神ヲ供養スルノミ。汝其地ニ至リ是ヲ見ヨト云テ余事ヲ曽而云ハズ。尤衣食求ムルコトナシ適食物ヲ与フル人アリト云ヘドモ、煮テ食フモノハ請ズ、生ニテ食フベキヲハ請ル也。後ニハ間村里ノ山林ニモ出デ遊ビシガ、人ヲ見テ心中ノ不善ナルコトヲ云ヒ出シテ教戒スルニ、必ズ其チガハザルコト神ノ如シ。故ニ人大キニ恐レテ崇敬セリ。又空カ書画アリ。其筆意甚ダ異様ニシテ古風ナルモノナリ。各花押アリ（略）然ルニ貞享ノ末ニ至ツテ、或ル山寺ノ僧ニ空語ツテ曰ク、今世ノ気運ヲ見ルニ、当城（高山）既ニ廃スルノ時近キニアリ。不祥ノ地ニハ居ルベカラズト云ヘリ。則此州ヲ去ルト見エテ是ヨリ後終ニ其人ヲ見タルコトナシト也。高山ノ城ハ元禄ノ始メ旧主地ヲ易ヘ城モ毀タレ畢ヌ。又東奥ノ南部或ハ蝦夷ノ地ニモ僧円空カ作ル処ノ仏像アリト云フ。是同人ナルカ詳ナルニハ及ズ、和漢三才図会巻六十五曰、陸奥州焼山在南部此山不時有焼故名之、開基慈覚大師作千体石地蔵、中尊長五尺計、其他小仏、而人取去、今存。近頃在僧円空、修補千体像。」（『飛州志』巻第拾「釈円空之説」より）

「僧円空は、美濃国竹が鼻といふ所の人也。稚きより出家し、某の寺にありしが、廿三にて遁れ出、富士山に籠り、又加賀白山にこもる。ある夜白山権現の示現ありて美濃のくに池尻弥勒寺再建のことを仰たまふよしにて至りしが、いくほどなく成就しければ、そこにも止らず、飛騨の袈裟山千光寺といへるに遊ぶ。其袈裟にありける僧俊乗といへるは、世に無我の人にて交善ければ也。円空もてるものは鉈《なた》一丁のみ。常にこれをもて仏像を刻むを所作とす。袈裟山にも立ちながらの枯木をもて作れる二王あり。今是を見るに仏作のごとしとかや。又あらかじめ人の来るを知る。又人を見、家を見ては、或は久しくたもつべし、或はいくほどなく衰べし、といへるに、ひとつもたがふことなし。或時、此国高山の府金森候の居城をさして、此所に城気なし、といへるに、一両年の間に、候出羽へ国がへありて、城は外郭計となりぬ。また大丹生《おほにふ》といへる池は、池の主人をとるとて、常に人ひとりはゆかず、二人ゆけば故なしといへり。さるにあるとき円空見て、此の水この比にあせて、あやしきことあり。国中大に災にかゝるべし、といひしかば、もとより其ふじぎを知る故に、人々驚き、いかにもして非難を救ひ給はれ、と願いしかば、やがて彼鉈《なた》にて千体の仏像を不日に作て池に沈む。其後何の故もなく、はた是よりは、ひとり行人もとらるゝこと止みけりとなん。この国より東に遊び、蝦夷《えぞ》の地に渡り、仏の道しらぬ所にて、法を説て化度せられければ、その地のひとは今に至りて、今釈迦と名づけて余光をたふとむと聞ゆ。後美濃の池尻にかへりて、終をとれり。美濃飛騨の間にては、窟上人といひならへるは、窟に住る故かも」(『近世畸人伝』森銑三校註、岩波文庫、昭和十五年)

9、『近世畸人伝』に見る人の生き方

江戸時代末期に歌人の伴蒿蹊が著した『近世畸人伝』に次のような奉公人の伝記が載っています。

駿府の宿屋、石垣甚兵衛の小僧に八介というものが十一歳から仕えていたが、十五歳の時宿屋が類焼にあい、困窮してしまい使用人は皆解雇されたが、八介は貧困を見捨てて他に行かれようかまた二人の主人に仕えられようかと、迷いの末にその家に留まり、昼夜を厭わず、寒暑を避けず、時には山がつの仕事をし、日雇いの役をこなして、ただ銭を得るのを楽しみに得た金は全て主人に与えて自分は一銭も貯えず、辛苦を厭わずに主人の為に働き、その健気な様子は、江戸や京都の情報誌にも紹介された程であった。

町奉行が、その誠意の程を試そうとしたが、八介の真情がわかって賞として銭五拾貫文を与えたという。人々も八介の行いを手本として、忠誠心を子孫に伝えることを願ったという。

自分の為には苦労も惜しまないが、人の為にはびた一文も出すのは惜しい、まして苦労等とんでもないの世の中で、奉仕の心を実践に表わすことは尊いことであります。生涯を通して実行できるとは偉大というより他ありません。

本書には、このような世間にはあまり知られていない人物の伝記が数多く載せられてお

りまして、その採録編集の趣旨を、前書きで次のように述べております。概略をしるしますと、

「仁義を任とせる諸老、忠孝の数子のごときは、世の人にたくらべて行ふところを奇とせる也。是をたとへば、長夜の飲をなして時日甲子を忘れたる輩の間に、独りおぼえたる人あらんには奇といふべし。おのれが目には、つねの道を尽せるが奇と見ゆれば人にも見せばやと、いささか人のための志をもてあぐる也」（原文の一部を別記）

この中には財産を破って風雅に徹し家を忘れて放蕩していた者もあるが↓趣味があり取るべき所があると思って挙げてある。但し、高僧とか詩歌書画の名家、道に優れた人を採用することはこの書の本意ではない、と述べています。このことを要するに、作者の考えは、

一、高僧、宿儒、詩歌書画の名家のような一道に優れた人や、功利に基し、世智にはしって名をなしたような人は、取り上げてはいない。

二、知る人で、哀れともおかしとも、心に留めて追慕していた人は採用したという。

作者は、ここに人間の生き方について、人々に問題を投げかけたのではないでしょうか。

考え方として、いくつかの思いを述べてみましょう。

第一には、社会的な上下地位とか、尊非を条件としないことです。名声や評判を気にすることもありましょうが、それは初めの条件ではありませんね。奉仕の精神とか、愛の気持ちは重要でありますが、それはそれとした方が良さそうです。

第二には、役割感ないし使命感が抱けるかどうかでありましょう。その仕事に打ち込めるには、使命感は非常に大事であると考えます。永続性や忍耐力を求められる時、大きな支えとなるものは使命感の強さであろうと思います。使命感は、最初からある場合もありえましょうが、従事するうちに次第に醸し出されてくる場合もあるでしょう。

第三には、創造性の大きさであります。何かを生み出していると考えられる時、やる気も出てくるものであります。造り出すことに自分は関わっている、あるいは自分をこのような人間に作り上げたいという、望みが実現していくことは、潜在的に人間がもつ希望であります。「生き甲斐」を求めて生きることは、人間にとって最高の喜びであろうと思われます。

自分は何に向いているか、これが一般に最高の悩みかもしれないと思われます。もし迷いがあれば、それには自分にとっての使命感を探すことが、一つの方法ではないかと老爺心を申す次第です。

10、自己を探す

自分は何に向くだろう、自分の得意は何か等、ふと考え迷う人も多いでしょう。小中学校時代の教科の好き嫌いを思い出しても、教科の好き嫌いよりも、先生とか友達の印象で好き嫌いが決まったりして、なかなか決めにくいと考える人も多いのではないでしょうか。シュプランガーは、人間の求める価値判断を次の六つだと定義しているそうです。このことは自己の進路決定の参考にもなるでしょう。

①理論型＝真理の発見や認知的な態度を重視し、合理や主知を重んずる
②経済型＝経済的なことを第一にする。実用主義。
③審美型＝美を楽しみ、美の追求を楽しむ。芸術肌。
④社会型＝対人関係を重視し、愛や援助を考えている。
⑤政治型＝権力、名声、社会動向に関心が高い。
⑥宗教型＝宗教に関心を持ち、信心を重んじる態度でいる。

直ぐに思い当たる人もありましょうし、はっきり類別分けできないと思う人もありま

しょう。むしろ、自分にとって、真に「生き甲斐として」やりたいことは何なのかを、自分の役割は何なのか追求していくことが大切なのではないかと思います。

11、自己実現とは

円空は、自ら十二万体の神仏像を彫刻し、それぞれの地主神を供養したいと祈願し、その大事業を完遂したことは、円空の自己実現と言うことができます。

人の欲求には、成長欲求と欠乏欲求とがあるというのです。アメリカの心理学者のA・H・マズローは、欲求階層説を主張して、次のように述べています。

①人間の欲求には、それが不足すると病気になるような強い欲求と、それほど基本的ではない欲求とが、五段階の層をなして人を動機づけるといいます。

第一の水準は、生理的欲求と言い、健康保持の為の、食欲や睡眠、休息から排泄、そして性の欲求です。

本能とは、基本的には善の立場に立っています。防衛、地位の確保、母性愛異性愛等、動物の本能であっても、建設的で決して破壊的ではないからです。人間の本能の場合、本能以外の行動要因と密接に結びついて、生得的な傾向も学習の働きを通して初めて具体的な行動となって現れてくるものです。人間の本能は後天的に学習可能な柔軟性があります。

第二の水準は、安全欲求です。身の安全や危険の回避、苦痛や恐怖からの逃避、健康志向等をいいます。外界に対する防衛的な態度をとることです。

十分な自信が得られずに外界に対する態度や不信感が更に発展して防衛的態度に出ることもあります。

安全欲求が満たされれば自己を信じ、自己の求める処に従って行動して、そこに最良の生き方を見いだすことができるのです。生活のあらゆる面で安全を求めようとしています。

第三の水準は、所属と愛情の欲求です。

他の人々と社会的な関係を持つことが死活につながる程の重要性を持つと考えているのが人間の欲求です。周囲の人々とつながりを持つことにより、愛情、支持、好意、尊重受容といった温かい感情を受け入れることにより、これを自らの精神的な糧とすることができるのです。人と人との関係を持つことで、自己を定位づけて情緒の安定と精神的機能の増進を可能にしています。これが所属と愛情の欲求です。

第四の水準は、尊敬と承認の欲求です。

尊重されたい、高く自分を位置づけたいという欲求です。有能でありたい。自信を持ちたい。名声を得たい。人の注目を引きたい。人に認めてもらいたい。人より優れたい。地位を得たい。自己をより高い位置に置こうという願望である。自己の価値を自ら認めて自尊心を高める。自負心、自己信頼の心は他人に対しても他人を信じ受け入れる心となる。

第五の水準は、自己実現の欲求です。

この欲求は、それまでの、生理的・安全・所属・承認等の基本的な欲求が満たされて後に初めて自己実現の欲求は出てくるものということです。

これは自分に最も相応しい、自分らしい、自負の力が思う存分に発揮できるようなことをやりたいという欲求であります。

円空の、彫刻の技能を十二分に発揮して、各地に無数の神仏像を奉納した仕事は、まさに円空の自己実現の事業であったと思えます。

マズローが指摘する、「自己実現的人間の特性」は、円空にも当てはまるように思えます。

12、生き甲斐について

「どうも生きている値打ちが無い感じがする」とか、「何か張り合いがないね」というようでは、さびしいことです。生きることに張り合いを持たせるには、どうすればよいかを、神谷美恵子氏は、次のように記しています。

日常生活を努力して、苦しいと思っても続けていくうちに、張り合いが出てきたり、心の中に充実感や使命感の様な前向きの気持ちが沸いてきてやがて、何かやりがいを感じるようになり、生き甲斐感と思うようになるものだとも述べています。

そして、生き甲斐感の中身を分析すると、次のような欲求の充足が即「生き甲斐」となるとのことです。

①生存充足感への欲求と＝それを充足すること
　仕事、人間関係、前進感等に張り合いを感じる
②新しい経験への欲求＝実現して退屈から逃げたい
　生活に変化を付ける、発見の機会、驚きを体験する

③未来への欲求を持つ＝前途に期待できる、希望がある
今日の苦労より明日への期待を気にする
④自由への欲求＝自我への拘わりを持っている
自主性、自律性が保障されていることを望む
⑤価値、意味への欲求を持つ＝自分を顧みて確かめる
生きている価値や意味に納得できるか気にする
⑥反響への欲求、所属感があり、連帯が認められている
周囲と心が通じ合っている、理解していてくれる
⑦自己実現への欲求＝自己の可能性を実現したいと思う
本当の自分が実現されていること、自尊心の納得

以上、挙げられたような様々なものが満たされたと感じた時、生き甲斐感を感じるということです。

生き甲斐感は生存充実感であって、感情の起伏や体験の変化を含み、生命を前進させる者、つまり、喜び勇気希望等によって、自分の生活内容が豊かに充実しているという感じなのであると、その著『生き甲斐』にあります。

円空は、長良川河畔に祠をつくり、これまでの足跡を顧みながら、母への思慕を募らせて、生き甲斐に満足しながら入寂しただろうと思います。

13、マズローの自己実現説からみた円空の生き方

アメリカの心理学者Ａ・Ｈ・マズローは、欲求階層説を主張して、一番の基底層には、生理的欲求があり、安全、安定の欲求、その上に愛情、所属の欲求、さらに承認、自尊の欲求があって、最も高次の欲求として、自己実現の欲求があると述べています。

そして、その自己実現に共通して見られる性格の特色を次のように上げています。

一、自己実現を達成した人は、自然や自分を素直に受け入れられる。

二、自発性が強く、自身の衝動や欲求をよく知っていて、よく働き試みして野心的である。

三、人生における使命や達成すべき任務、自分たち自身の問題としての課題を持っていて、多くのエネルギーをそれに注いでいて、課題中心的である。

四、一人でいる、孤独やプライバシーを好むものである。

五、超越性を持っていて自己決定、自己管理、責任感等の自律性が高い。

六、自己実現者は、欠乏動機より成長動機によって動かされているので、自分自身の発展や、たゆみない成長のために自分自身の可能性や、潜在能力を頼みとしている。

七、他人が与えてくれる、名誉、地位、報酬、人気、名声等は、自己発展や内的成長に比べれば重要ではない。

八、神秘的経験や、至高体験と言われるものを体験している。この経験によって力づけられている。自己超越、自己喪失等、強烈な感覚的体験をしている。

このように、マズローの自己実現者の特色を見てくると、円空の生き方がそっくり当てはまるように思われます。

円空上人の生き方は、自己実現を完成した人といえるように思われて改めてその偉大さに敬服するのであります。

14、生きる力を学ぶ

円空の活動や生きる姿から学ぶべき点や得るべき事柄を幾つか挙げてみます。

一、生きることに自立している。

恵まれない境遇から出発した人生であったが、確たる信念のもと、自立の精神と生活と信念を貫くことができた。

二、自ら計画し、自らに厳しい修行を課し、研鑽を土台として作品を創造するという、創作者としての生涯を過ごすことができた。

三、寺社を訪ね、地域の人に受け入れられる姿勢をもって全国を遍歴して自らの考えを具現としていくことができた。地域との交流に支障がなかった。

四、修験者としての厳しい修行を繰り返すことによって、優れた作品の製作を心がけると共に人々の共感も受け入れられた。

このような、自ら自力で生きることへの努力と、出会いの共感を大切に、共に生きることへの配慮がなされていたことが、「生きる力」の土台となるものであり、その土台の中心は自己への注視であり、自己への愛であると思うのです。

15、自己理解と前進

一、まず自分が、好き嫌い、あるいは拘わりのことに注目して見ましょう。そこから自分の好きなやりたい方向を考えていくと自分が理解できるでしょう。優劣とか人の目とかはおいておきましょう。個性に優劣や値段は不要であります。

二、自分に目が向いて、やりたいことが見つかれば成功です。やりがいの発見に悩む人も多いようです。自分のやりたいことは、掛け替えの無い貴重なことだと信ずることであります。それが自己理解で重要なことです。

三、朝起きて、その日にやりたいことがある、というほど大切なことはありません。小さなことでも、継続的なことでもすることを持つということが重要であります。

四、円空上人のように、一つ仕事の大事業ではなくても、やるべきことがあって、一日を空費しないというくらい幸せなことはないと思います。

内村鑑三は、その著『後世への最大遺物』で、人が自分が、後に遺したいと思うものは、世の為の大事業だったり、億万の富だったりとか、色々なことが考えられるが、そうではなくて、まじめに生きて、勇ましい高尚な生涯を送ることなら、誰にでもできるであろうと述べています。「自分の人生」ということでしょう。

円空は、元々、父を知らぬ、地方方言「まつばり子」と呼ばれていたと言います。母一人子一人の家庭に七歳まで育ちました。この七年間が偉大な彼を育てる最初の王道のような気がいたします。円空は、母の愛を独り占めにして温もりと信頼の温い絆のもとに育ちました。父の話を聞いて真似事に彫刻をした時、母はうんと誉めたに違いありません。そして、事実上手だったのかもしれませんが、円空は木端の細工が好きになって、川原に流れ着いた木の端くれと親しくなっていったことでしょう。

円空の母が、教えなかったことは、自己卑下の心と失望感であったろうと想像します。これから成長する幼児に何よりいけないことは希望を無くさせることです。

小さい時の心の傷は成長の妨げ以外の何ものでもないでしょう。

賢い母から、可愛がられながら、自己愛と自己効力感を十分に身に付けていった円空はやがて、大きな仕事を成し遂げる大人物に成長していったのだと思います。
幼児期に大切なことは、愛情に包まれて、人間の暖かさを実感して信頼関係が持てることだと思います。天才教育の種々も重要かもしれませんが、豊かな情操を育てるゆとりも、忘れてはならないと思います。

考え方として、いくつかの思いを述べてみましょう。

第一には、社会的な上下地位とか、尊非を条件としないことです。

名声や評判を気にすることもありましょうが、それは初めての条件ではありませんね。奉仕の精神とか、愛の気持ちは重要でありますが、それはそれとした方が良さそうです。

第二には、使命感が抱けるかどうかでありましょう。その仕事に打ち込めるには、使命感は非常に大事であると考えます。永続性や忍耐力を求められる時、大きな支えとなるものは使命感の強さであろうと思います。使命感は、最初からある場合もありましょうが、従事するうちに次第に醸し出されてくる場合もありましょう。

第三には、創造性の大きさであります。何かを生み出していると考えられる時、やる気も出てくるものであります。造り出すことに自分は関わっている、あるいは自分をこのような人間に作り上げたいという、望みが実現していくことは、潜在的に人間がもつ希望であります。「生き甲斐」を求めて生きることは、人間にとって最高の喜びであろうと思われます。

自分は何に向いているか、これが一般に最高の悩みかもしれないと思われます。もし迷いがあれば、それには自分にとっての使命感を探すことが、一つの方法ではないかと老爺心を申す次第です。

16、学ぶことの大切さについて

一、人は、人によってのみ人となり得べし。人より教育の結果を取り除けば、全く無となら ん。(カント)

一七九七年に南フランスのアベロンの森で、野生の男の子が見つかりました。十二歳ぐらいと推定されて、教育の訓練を受けたのですが、言語を習得することができなかったということです。また、一九二〇年には、インドで、狼に養われていた姉妹の少女は、年齢は一歳と八歳ぐらいで、狼の生態に似た所作で生活していたのですが、やはり教育は難しかったとのことです。このことから、人間はその置かれた環境の中で学習し、適応してゆくもので、学習によって成長していくけれど、その初期の段階において学習すべき、言語とか、直立歩行を獲得していかないと後日習得することは困難であることを立証しているということです。人間は人間からの教育によって初めて人間になれるということです。そして、初期の学習の重要性が証明されたわけです。

二、人の両親ほど、最も自然にして、最も好適なる教育者はいない。（ヘルバルト）

凡そ、人の子の賢きも愚かなるも、良きも悪しきも、大抵、父母の教えに依ることなり（吉田松陰）

親は子供と朝晩一緒にいて、必要な時、実際的な援助ができるし、子供の状態を直に感じることができて、対応が適切にできる。

授乳期の抱きつき、微笑み、心からの人格的な出会い等が人間性や信頼感を醸成し円満な人間性が養われる。また、親自身の努力の姿や、愛情や目標に向かって努力する姿等、望ましい人間性を子供に示していける。

三、なぜ、あの時おれをぶって叱ってくれなかったのか。（アイソポス）

少にして学べば、壮にして為すあり。壮にして学べば老にして衰えず。老にして学べば死して朽ちず。（佐藤一斎）

人は二つの教育を受ける、一つは他から受けるもので、他の一つは自分から受けるものである。（ギボン）

生涯にわたって発達する人間は、その時期に応じた学習し習得すべき課題があるわけで、時期に応じた学習の重要性を考えておくべきだということであります。

初め他から教育を受けるうちに、自分で学ぶ方法を見つけ、自発的継続的に学習していくうちに、興味や関心が増大し、やがて社会の変化にも応じて自発的に学習する能力ができあがります。学習習慣の重要性が理解されていきます。

四、一生の仕事を見出した人は、幸福である。彼には他の幸福を探させる必要はない。（カーライル）

之を知る者は、之を好む者に如かず。之を好む者は、之を楽しむ者に如かず（論語）

人は、食べて、着て、寝て、の生活だけでは満足いかないで、やはり何か、生きている実感とか、生きる意味というものを求めることになります。それは、

①物を造り出す＝絵とか彫刻、工作等の創造すること（創造価値）
②自然にふれる＝感動したり、体験したりすること（体験価値）
③運命苦労を超える＝態度を自覚的に示していく（態度価値）
自分の価値として実現していくことで人生に意味を与えたいという考え方があるそうです。

そのほかに、生き方の価値類型として、六種を示しているものもあります。
①理論型（科学・哲学等の真理追求）②経済型（実業、富、財政の追求）③審美型（優美、技巧、調和の美の追求）④社会型（人に対する愛を追求）⑤政治型（権力、影響力を追求）⑥宗教型（宗教的な価値追求）
これらは、色々な価値追求を考える上での一つのヒントとして、人生を意味あるものとしたい人間の欲求の現れと考えられると思います。

五、人間の全生涯が、自己自身を生み出していく過程にほかならない。真実、われわれは、死ぬ時においてのみ、完全に生まれるのである。（フロム）
深くこの生を愛すべし。顧みて己を知るべし。学芸をもって性を養うべし。日々新面

目あるべし。（会津八一）

生涯学習の視点としては、次の三点が考えられます。

①何時でも何処でも誰でもが、学びたい時に学べること。

②特定の資格、免許、肩書き等を得たい時の学習。

③人間的資質向上を目指しての教養、学識の獲得等。

更には、同好の士が共同のテーマで、切磋するうちに、知らず知らずのうちに会得する学習成果もふくまれるものでありましょう。

フォール報告では、学習の目的は、存在であり、生存と進化でなければならない。自己の能力を能動的に発揮し、生きることに喜びを確信できるような絶えず成長する生き方を主張しています。全て人間は、真理を理解し、それを体得し実現していく可能性を秘めているものであり、人格的に完全なもの即仏陀になり得るものであると、仏教では教えていると言います。それは結果ではなく、歩いている過程そのものを指すということです。

17、上辺の心と奥底の心

登山や寒参りを白装束で、修行する人々が「六根清浄、〱」と唱えているのを耳にしたことがあるでしょう。六根とは、目、鼻、耳、口、身、意の六つの器官のことですね。つまりこれらの器官は、外界の諸情報を受け入れる大事な感覚器官であることは皆様もよくご承知のところです。それらを、清浄にすること、つまり綺麗にしましょうと、自分に誓って唱えているのですね。もうおわかりのように、目鼻耳口身意の六つは、欲望につながっていることです。

欲が過ぎると、誤った方向に走ったり、不正な手段に訴えたりしないとも限りません。それを戒めて、六つの感覚器官の行過ぎを戒めたいものです。

鴨長明の『発心集』の序に、「心の師とはなるとも、心を師とすることなかれ」と、『往生要集』の言葉を引用しています。

心とは、この場合、見たい、食べたい、楽しみたいの六根から生ずる行過ぎの良くない欲望をさすものでしょうし、師とは、それを自制する真の自分を言うことでしょう。

この場合、心と自分の対比を、上辺の自分と、真の奥底の自分と考えて、真の自分の思いを大切にしたいと考えることだと思います。

18、高く生きる為に

心理学者の梶田叡一氏は、『自己を生きるという意識』の中で、人間の生き方には各種色々な生き方があるが、我の自覚を考えた時、生き方に段階のあることを示しています。

ステップ０＝無自覚なまま生きる。自身の個人的な満足を最大限に追求する。

ステップ１＝我々の世界を大事に生きる。役割の自覚、自己の使命の探求と実践。

ステップ２＝真に我の世界を基盤に生きる。独自固有の私の自覚、内的拠り所の獲得。

ステップ３＝自由自在に生きる。大我覚醒、大調和、執われからの解放、随所に主となる力の獲得。

本当に自由自在の境地で生きるためには、自分自身の欲求欲望からも解放され、自由にならなくてはならない。分別にしても意志にしても、大きな力（神・大自然・宇宙的な力）から与えられている貴重な装置として十分に用いていくべきなのである、と述べられています。

自己を生きる為には、自己内対話による、自己意識の形成・維持・変容・深化が大切なことだといわれておりますが、なかなか難しい問題かもしれませんね。

19、『西国立志編』という書

「天は自ら助くる者を助く」この言葉が流行語の如く一世を風靡したのは、明治四年に、中村正直がイギリス人、サミュエル・スマイルズの『自助論』を訳して『西国立志編』として出版し、世に広く知らしめたことによるものです。

他人の力を借りて成り立ったものは必ず衰える時がくるもので、自主自立して、自ら助けて成就するものは必ず生長して衰えを知らない勢いを得ることができると、説いており、ニュートンとか、ガリレオとか、古来の優れた人々の、自ら助けるの精神で、大業を成し遂げたことを論じています。

その項目を見ると、例えば、絶大のことを成し、絶好の功を収めるものは、生まれつきの大気力や大才思ある人ではなく、勉強し、工夫して、技巧の知恵を働かせた人である、とか、五十年の苦労学習を経て機器を発明したとか、具体的に人物を挙げて実例から、自助の精神の大切さを説いています。

自ら教育することの大切さを説きながらも、また、楽しむこと、喜ぶことの重要さも論じています。「自分を大切にして生きることの重要性を忘れない」ということではないかと私は思うのであります。

内容は多岐の教訓と実例からなっていますが、ここでは、特に、自己を顧み、自己から発することを述べていることを紹介してみましょう。

人は、自分というものを大切にし、自分の善き光をもって、自分の生を作り成し、自分の善き思想をもって自分の行為を作っていきなさい。

若い人は、他人を信ずるのみで、自分を信じないでいては、進歩の大障害物となる。教導の過多と、拘束の過多とは、少年の自ら助くる志気の妨げとなる。

人は、自己の身をもって第一の助け人とすること。

自ら教育すべきこと。他人より得たるものは自己の勤勉耐久により得たるものに比すれば至って少ない。自己の才力を発揮して勤勉の功を用いて学識を得ること。

以上から、自己に帰ること、自己の確立や自己理解、自己の意識を大切にすることを説いていると思います。その際、大事な基本は、自己愛ですね。

西国立志編の中の第五編の序では次のように述べています。

「今、大木を仰ぎ見ると大空に届くほどであり、風雨を凌いでその幹も古色創然、千年の時を経たとは思えないほどである。しかしその元を正せば、一粒の種から始まっているのである。洪水が起きて、田畑を洗い流す程の大水が出ることがあるが、その元を正せば一筋の湧水から流れ流れて大川になったのである。

人の行う事業についても、初めその元となる誠が胸中になければならない。微々たる物のように思うが、万事の根源となるものは、初めの誠である。

誠心に発すれば自ら良く勉強忍耐し、自らよく機会に乗じ、そして小事を忽《ゆるが》せにせずして、自らよく偶然解悟することとなる」

つまり、心に誠の心持ちを引き起こすことが大事だと述べていて、その通りだと思います。

新機器を発明創造した人、あるいは恒久の苦労に耐えて業をなした人、あるいは職業の勤めや修行のことその他を豊富な人物実例を上げて説明されています。

明治四年翻訳刊行されてベストセラーの評判を得たということです。

20、まとめ

山奥の一軒宿に泊まり、宿の古老の話にひどく感動して、しみじみと、人間の生き方、物の見方ということを考えさせられたという話を聞きます。

「人が生きる」「人が考えること」とは、大変に多様だ、ということを思わせる話だと思います。それを感じ取れるというのも年輪のある人だからでしょう。

山之口貘の詩をご紹介いたします。

あれを読んだか
これを読んだか
さんざん無学にされてしまった揚句
ぼくはその人にいった
しかしヴァレリーさんだって

ぼくのなんぞ
読んでない筈だ

他人の批評の言葉は、時に気になるものですが、それ以上に中傷めいたものはいやなものです。しかし、気にしないで、我が道を自信をもって歩もうと勧めているものです。自己に固執するということも時には必要なことがあるものです。

第二章　気力と心身調和

「食べ過ぎた」「飲み過ぎた」と、後になって悔やんだ経験をお持ちの方もいると思います。人間、自分の思い通りに振舞える幸せが、とんだ災難をもたらすことは良くあることです。そして、一度失敗して、こりごりと思う人と、それには懲りず繰り返す人もあります。失敗の元が慾にあることも理解しているはずです。

しかし、慾を悪者にしてはいけません。慾とは、大変に必要なものであるからです。歳を取って、食欲がなくなる程悲しいことはありません。慾とは、人間の活動の源泉であり、活力のもとでもあります。むしろ慾が出るように鍛えたいくらいです。競馬で例えれば、慾とは、元気の良い馬のことです。元気の良い馬を上手に手綱裁きをすることこそ、大切なことなのです。心と体の上手な、手綱裁きのヒントをこの節で見つけてください。

1、日頃の養生に留意

東洋医学では、未病ということが、言われるようです。まだ病気の症状は出てはいませんが、機能的には異常がみられる病気の一歩手前という状態を言うものだそうです。診察を受けた方がよい状況ですが、日常によく見られる現象でもあると言えます。

身体には、自然良能の力が備わっていて、軽い症状ならば自分の治癒力が発揮できて、知らず知らずのうちに治ってしまうということが、よくあることですから。

体は、誕生した時から、同じ一個の身体の様に見えますが、全身全体として、絶えず新陳代謝して、例えば七年で、体の全ての組織は生まれ変わっているそうです。身体は、固定しているようで、流動的な交代を繰り返しているのですね。

身体は、心も含めて流動的に代謝していることで、そこに、健康保持の対策が是非とも必要であることがわかります。

江戸時代に、養生法のブームが起きて、貝原益軒の『養生訓』はそのベストセラーであったということです。

心身の健康を保持すること、ないしは自然治癒力を高めるためにも、養生訓に目を向けて見たいものと思います。

貝原益軒は、養生訓の記述にあたり、誰でもがわかりやすく読みやすいように、なるべく漢字をさけて平仮名を用い、大事な事柄については反復して記述するように努めたと言われます。

その第一、二編の総論の部分で、「気」についての説明については、十数回に及び、養生における、気の持ち方の大切さがわかります。

それらの解説を要約しますと、次の六項目になります。

一、気を養うこと

二、気を和らげること

三、気を移さず惜しむこと

四、気を整えること

五、気を体に流れさせて滞らせないこと

六、気を損なうものを去ること

総論において、右の六項について解説されていますが、養生術の結論は、気を養うことにあると述べられているのではないでしょうか。

気とは何か。これはなかなか説明しにくいのですが、普段よく耳にすることは確かです。「気を確り持って」とか「気を入れてやりなさい」とか、よく耳にしますね。

東洋医学では、気が重要な中心課題になっているようですが、気とは次の二つを言うようです。

一、人体内部の気とは

身体内部を一つに結びつけている脈絡に流れていて、心理的に、生理的に、そして物理的にと働く、体内エネルギーである。

気とは、人体を生きた状態に保っている基本的な働きであります。

二、人体外部の気とは

物理的なものとして、外部から生物に影響を与えるエネルギーで磁気、電磁波低周波、赤外線、可視光線等であると言われます。

目に見えず、また意識下にもないことで、存在はわかりにくいが何か力の作用がなされているものであることが言えましょう。

気功といい、気合その他、気の力を活かす法は古来、多くみられます。

気を養うことの内容は、各編を通して具体的に述べられていますが、それらを概観して纏めれば次のようになりましょう。

第一に、病の元である外邪（風寒暑湿）を防ぎ、内欲（飲食色欲）を慎むことを挙げ、気が立ち心が激しく揺れるようなことを押さえ、心を和ませることで、そのためには、怒りや悲しみ、不平等を押さえることであり、反対に心を楽しませることとして、書を読み、詩歌を吟じ、草木や良い景色を楽しむ等のことで、気を養うことが良いとすすめています。

中国医書の『素問』を引用して、「怒れば気上る。喜べば気緩まる。悲しめば気消ゆ。寒ければ気とづ。暑ければ気泄る。驚けば気乱る。労すれば気へる。思へば気結ぼおるといへり」としるされているのは、具体的な例示のように思えてわかり良い気がしますね。

「病とは、気病むなり。故に養生の道は気を調えるにあり。調ふるは気を和らぎ、平らにする也。凡そ気を養うの道は、気を減らさざると、ふさがざるにあり。気を和らげ、平らにすればこの二つのうれひなくなるなり」としるされています。

巻末近くに、摂生の七養として具体的にまとめておられます。

それは、

一には、言をすくなくして内気を養う

二には、色欲を戒めて精気を養う

三には、滋味を薄くして血気を養う

四には、津液をのんで臓気を養う

五には、怒りをおさえて肝気を養う
六には、飲食を節にして胃気を養う
七には、思慮をすくなくして心気を養う
是寿親養老書に出たり、とあります。

これらを纏めて一言で言うと「気を減らさない」という言い方ができるのではないかと思います。気の意味を、漢和辞典で引くと「①漢方医学の用語です。②人の活力、生命力、③人の精神状態、勇気、士気、盛気等、④古代哲学で宇宙における万物を構成する物質の要素」（三省堂漢和辞典）とあります。湯浅泰雄氏の『気とは何か』によれば、人間の身体内部、並びに自然界や宇宙という人体外部に存在する、生命エネルギーのことで、それは見える形見えない形の様々なものを言う、と解説されています。生きる力を考えていく上からは、重要なテーマであることがわかります。

2、養生訓

江戸時代には、いわゆる養生書に類するものは、二百種ほども出版されたといいます。それらの多くは貝原益軒の養生訓に拠っていると言われていますが、益軒の養生訓も当時十版を重ねるほどに広く読まれたといいます。

今日でも、貝原益軒と言えば、養生訓と答えられるほどに知られております。

益軒の養生訓は、和漢の東洋医学の研究をもとに、自らが永年心掛け実践してきた、保養保健の広く子供も大人も理解できるよう、啓蒙的に実証的に述べて実行を勧めた書であります。

その内容は、呼吸法から飲食、入浴から薬の用い方、老人の心得まで広く日常保健衛生の心得万般にわたっています。

医学薬学の進んだ今日の知識から見ると、適当でないものや疑わしいものもありましょうが、益軒が、広く一般庶民に健康を得て長生きするよう熱意を込めて養生の術を説いていることがわかります。

広く人々の幸せを願う気持ちが伝わってきますし、また保健について示唆に富むものも多いと思われますので、その養生術の一端について、概略ながら述べてみたいと思います。全篇の内容は、広く日常生活万般にわたる養生法の解説書でありますから、本来全文を見通して取り上げるべきでありますが、ここでは、益軒の養生術の基本となる中心的な心得・考え方を取り上げることで、養生訓の理解に役立てたいと考えてみました。基本的な考え方と言っても、具体的な方法論の解説を主とする本書ですから、どの項が重く、どの部分が軽いということはない、とも言えるわけです。

養生法の基本と考えることを、ここでは全八巻のうち巻一の総論上、巻二の総論下を見ることにします。

総論は、ご覧になればわかるように、百八の短い章句から成っています。それは、百八になっていますが、内容が百八の異なったものではなく、内容を比べて異同を集約すると、二十ほどのテーマにまとめることができます。集約して論じたほうが、内容概観に速いと思われました。今、その中からいくつかを拾い、養生訓のあらましとしたいと思います。

本文総論のあらすじ

一、人身は尊く、長生きは五福の第一であること。

身体は、天地からの賜物であり、父母の残してくださった身体であるから、大切にして、天寿を全うするように心掛けるべきである。

この世に生まれて、孝を尽くし、道を実践し、義に従い、幸福になり、長寿で悦び楽しむことが、だれもの願いである。

養生の術を知って、貴重な己の身を養い、長く天寿を保つようにしたいものである。

天地の悠久に比べれば極めて短い人の命であるから、仮にも粗末にして短命で終わってはならない。

養生、養生と言うと、命を惜しみ、また利己的な考え方のように思われるかもしれないが、そうではない。

常の時に、身を養っておかないと、変の時に、大事に臨んで役に立つことができないからである。

注、五福とは、長命であること、裕福であること、丈夫で安らかであること、道徳を好むこと、事故死等せず天寿を全うすることの幸せをいう。

二、心は静かに、体は動かすことに努めること。

心は身体の主人であるから、静かで安らかにしているのがよい。ゆったりとして、せかせかしないで、心は楽しませる。心を苦しめるのはよくない。

身体は心の下僕のようなもので、毎日、少しずつ身体を動かし、労働するのがよい。身体を動かせば、飲食は停滞せず、血気の循環もよく、病気をしない。

食後は庭内を数百歩静かに歩く。毎朝、毎晩運動していれば、鍼灸治療の必要もない。自分の体力に合った労働をすることである。流水は腐らないが、たまり水は腐る。絶えず使う開き戸の軸木は、虫が食うことはない。人の身体も同じ理屈である。

三、内欲を少なくし、外邪を防ぐことが大切なこと。

養生法の第一は、自分の身体を損なうものを除去することである。身体を損なうものとは、内から生じる欲望と、外からやってくる邪気とである。内から生じる欲とは、飲食の欲、好色の欲、睡眠の欲、言語をほしいままにする欲と、喜・怒・憂・思・悲・恐・驚の、七情の欲である。

外から入り込む邪気とは、風・寒・暑・湿の、四気である。

欲望すなわち内敵に勝つには、心を強くして忍耐することである。強い精神力がなくては内欲には勝てない。猛将が敵をおしつぶすようにすることである。

何事も一時的に快を覚えることは必ずあとで禍となる。欲を抑えることによって後は喜びになる。小さな欲で身を損なうこと、宝石をもって雀を打つようなものである。努力して自制すると、後は楽しみとなる。

外邪すなわち外敵に勝つには、畏れて早く防ぐことである。忍耐しないで早く退くのが得である。城中にこもって四方に敵を受け、油断なくこれを防ぐのに似ている。身体は弱くもろいものであるから、慎んで身を保つようにすることが大切である。

肉欲を少なくし、外邪を防いで、身体をときどき動かし、睡眠を少なくする、これを養生の四大要という。

四、心気を養い、気血の流通をよくすること。

人間の内なる元気は、はじめ天地万物を生む天下の気を受けて生まれ、後、飲食や衣服、住居など外物の助けを借りて元気が養われて成長し生命を保つことができる。養生の道は、元気を養うことに努め、外物の気に頼りすぎず、壮健を頼んで気を減らさないことである。

心を静かにして騒がしくせず、ゆったりとして和やかで荒くしない。いつも心を喜ばせて不平を言わず怒らない。失敗もくよくよしない。天命に従って心配しないことである。気血がよく流通して滞りがないと病気にはならない。気血が体中に広く行きわたるようにしなければならない。古人が、詠歌で舞踊をして血脈を養い血行をよくすることにつとめたのがそれである。

陰陽の気は天にあって自ら流動して停滞しないから、四季が行われる万物も生成するのである。

体内の気は、天地の気と同じである。体内の気は古く汚れ、天地の気は新鮮で清らかである。だから、鼻から清気を引き入れ、口より濁気を吐き出す。呼吸はゆっくりと静かに、腹式呼吸で行う。へそ下三寸を丹田という。ここに生命の根源が集中している。気を養う術は、腰を正しくすえて、真気を丹田に集め、呼吸を静かにして荒くしないことである。僧が座禅をするのも、真気をへその下に集中する方法をとる。

注、東洋医学では、気・血・水の停滞が病気であり、順調な流通が健康のもとと考える。気とは大自然にみなぎる生きる力の源で、体内にあっては生命エネルギーであり、気の乱れや不調和が心身の不健康のもとと考える。

五、楽しみを失わないことが養生の根本であること。

楽しみとは、人間に生来ある天性であるから、養生の道に従って欲を自制し、心豊かにして道を楽しむことである。楽しませないのは、天地の理に背くことになる。家で、静かに日を送り、古書を読み、古人の詩歌を吟じ、香をたき、古法帖を見て楽しみ、山水を眺め、月花を賞し、草木を愛し、四季の変化を楽しむことは、心を楽しませ、気を養うことになる。

酒を少量たしなみ、庭の畑で採れた野菜を煮たりするのも楽しいものである。貧賤である人も、道に従い楽しんで過ごすならば、大きな幸福である。

人間には三つの楽しい観方がある。道を行い心得ちがいせずに善を楽しむことと、健康で気持ちよく楽しむこと。長生きして長く久しく楽しむことの三つである。いくら富貴であっても、この三つの楽しみがなければ、真の楽しみは得られないのである道に従い、楽しんで過ごすならば、一日も長く感じられ、一年に四季折々の楽しみがあり、一日一日に限りない変化があり、長く興味深く過ごすことができる。

六、何事も、勤勉に努力すれば効果はあがるものである。

養生の道も、勤めるべきことを努め、身を動かし気を巡らすことが大事である。安座して怠けて動かないのは不養生となる。

地位や所得は外にあるもので、求めても天命がないと得られないが、無病長生きはわが身の内にあるものであるから、求めるならば得られるものである。

家業に励んで朝夕に身を動かし、芸事を習うことも、即養生の術にかなうものといえる。人それぞれに仕事がある。家業を持って昼夜働いて暇のない人は、養生などできないと思うであろう。しかし、養生の術とは安閑として、のうのうとしていることではない。勤めるべきことを努め、それぞれの仕事に努めることで、養生の道は達せられるのである。

七、畏れること、「中」を守り、「忍と少」を心掛けること。

慎みの心の発するものが、畏れの気持ちである。すべて気ままにしないで、天道を畏れ敬い、慎んで従うこと。我慢することである。

若い時は血気盛んで強いことにまかせて、病気をも畏れずに欲を抑えることができない。毎日の行いを反省し、身体にも無理がなく、健康を保って長生きし、安らかに寿命も保ちたいものだが、それには事に臨んで畏れ慎むようにすれば、血気も調い病気にもならないでいられる。

中を守るとは、事に偏しないことである。過不足がないことである。

千金要方に「久しく行き、久しく座し、久しく臥し、久しく視るを禁物とす」とあるけれども、同じ動作や状態を長時間続けるのはよくないことの教えである。じっと長く座っていたり、遠すぎる道のりを無理に歩かないようにすることが大切である。長い時間遊び暮らすというのもよくないことである。

すべて完全無欠であろうとするのは、心の負担になって楽しみがなくなる。

衣服、飲食、器物、住まい、草木等、すべて非のないものを好んではいけない。他人の足らないことを怒り、諸々の物に完全を求めると、かえって苦痛となって、気がへる。すべて、つつましく欲を少なくすることである。

嗜好というのは、耳が音を聞き、目が物を見、口が物を飲食し、身体が色を好むというふうに、身体各部の欲望のことである。

欲をむさぼると節度を越えて、身体を悪くし、礼儀を失う。「恣」（ほしいまま）の一字を捨て、「忍」の一字を大切に守ることである。

その要訣は「少」の一字である。悪いと知っていながら、自らを欺いて欲のままに行動すると不幸がやってくる。

欲を少なくするには、食事飲物、五味の味つけ、色欲、言語、事、怒り、憂い、悲しみ、思い、睡眠などを少なくすることである。

気を多く使いすぎず、心を多用すると元気が減って病気となる。「千金方」に「十二少」という教えがあるとおりである。

八、過信を戒め、予防の心掛けが大切なこと。

自分の強健を頼み、若さを頼み、病気が軽くなったことで過信したり、気の強いことや内蔵の強いことを頼りにしたり、いろいろと自分の力を過信したくなる。そして油断をして、かえって病気となることがある。

何をするにも自分の力量をはかって、力に過ぎたことをしないようにすることが大切である。

薬を飲み、灸をすえるのも病気の時にはやむを得ないことであるが、事前に予め、病気にかからないよう予防を心掛け、かりにも不養生から禍を招かないようにしたいものである。

九、腹八分目と五味偏勝、酒は天下の美禄のこと。

飲食は身体を養い、睡眠は気力を養うという。しかし、どちらも過ぎればよくない。適度であることが何より大切である。

腹一杯食べないようにすると共に、食後は消化を助けることに注意する。適度の運動をしたり、庭を歩いたりする。食後すぐ横になって眠るのはよくない。

甘い、辛い、塩からい、苦い、酸っぱいを五味といい、それらの同じ味に偏って食べ過ぎをしないように注意すること。また、食事の時には、五つのことを思って食べるようにする。これを五思という。

食料を作ってくれた人の恩、多数の人のお蔭で食べられること、身に余るおいしいものを頂ける恩、広い世間には飢えている人もいること、古代の食材はどんなであったかの五ついて、思い巡らして、感謝して食事するのがよい。
酒は、天から与えられた美禄である。

酒は、ほどほどに飲めば陽気を助け、血気をやわらげ、消化をよくし、心配ごとを取り去り、益になるものである。

しかし、たくさん飲むと、人を害するものとなる。

十、養生を心掛けて長生きし、できれば寿域に登るべきこと。

すべて人は生まれつき長寿であって、天性短命な人はまれなはずである。病気がちの人でも、弱いことを畏れ慎み元気を減らさないようにしていると、かえって長生きするものである。

人生は五十歳くらいにならないと、血気もまだ不安定で、知恵も出ないし、歴史的な知識にも疎く、社会の変化にも慣れないでいて、間違ったことも多いものである。

長生きすれば、それだけ楽しみも多く、益も多いので、なるべくならば六十歳以上の寿域に到達すべきであると考える。

寿命は、百歳を上限とし、上寿は百歳、中寿は八十歳、下寿は六十歳である。

養生すれば長生きとなり、不摂生すれば短命となる。

老後は、若い時の十倍の速さで過ぎる。一日を十日となし、十日を百日となし、一月を一年となして喜楽し、いやしくも無駄に過ごさないよう、時間を惜しむべきである。

むすび

以上、大急ぎの感がありましたが、総論上下から適宜のテーマを設定して、それに合う本文の要約を掲げて、養生訓内容の概観を試みてきました。

前掲テーマと解説についても、まだまだ不十分で、益軒の意を尽くさないと思われる箇所もありましょう。調息法、導引法、陰陽説あるいは、環境とか、言及しない部分も多々ありますことをご了承ください。

先日もテレビの健康番組で、朝は寝床から飛び起きて急激に動くことの注意をされていましたが、そのことは、養生訓巻第五に、「目が覚めたら床から起きださないで、足を伸ばしたり、床に座って手や頭体の諸々を動かしたりしてから起きあがること」と、細かに述べられています。

内容すべてが妥当ということではないにしても、養生法について十分に考えてみるべきことが多く含まれていると思います。

折がありましたらぜひ一読してもらいたいと思います。

3、益軒の生い立ちと著作

福岡市内に、大きな池を囲んで大濠公園がありますが、そばに福岡城跡の碑が見えます。貝原益軒は、父が黒田藩の藩士で、祐筆役を勤めていたので、その域内に生まれました。時に寛永七年（西暦一六三〇年）十一月十四日でありました。

五歳の時、母が亡くなり、その後は家政婦のような人に育てられたといいます。

父や兄の影響で、少年時代より読書をよくし、父や兄から儒学や医学について学んだといいます。

十九歳になり、黒田藩に仕えることとなりますが、その後浪人となり、長崎や江戸において医学を学び、剃髪して柔斉と号し、医術で生活しようと考えたりしたといいます。

三十五歳の時、福岡に帰り藩に召しかかえられて、医術の仕事をしたり、藩士やその子弟に、儒学の講義をしたりするようになりました。

四十二歳の時、黒田家の家譜の編集を命じられ、七年がかりで完成させました。藩士達に儒学を講ずるために、講書用として、多数の著書を著わすことになりました。七十一歳、元禄十三年に、職を辞してから、本格的に著述に打ち込み、八十四歳で亡くなるまでに、実に三十三冊の多数の著書を著わしました。

益軒は大変読書を好み、玩古目録には、漢書五百六十四冊、和書五百四十九冊、合計千百十三冊の書を読んだことが記録されています。

地方の実地調査や資料をもとに、筑前国続風土記を著わしたように地誌に親しみ、また、天文に興味を持って研究グループを作り観測の計画をしたりと、科学的な貢献も大でありますす。薬草から一般植物までも詳しかったといわれています。

早くから、医薬に親しんでいましたので、漢籍の医薬書から、原文のまま抜き出して、資料集として、五十二歳の時『頤生輯要』（五巻）を作りましたが、これをもとにして養生訓を書いたということです。

益軒は、「有用の学」をとなえ、日常生活に役に立つ実際的な学問を広めようと考えました。医薬書も当時は漢文のものが多かったのですが、益軒は一般の人にもわかるようにと、なるべくひらがなで記しました。

4、この時代

益軒の生きた西暦一六三〇年から一七一四年は、将軍でいえば、家光、家綱、綱吉の時代になります。

益軒七歳の時、島原の乱に父と兄が加わったといいます。江戸や京都にしばしば大火があり、振袖火事は一六五七年であります。

富士山の宝永山の噴火があり、忠臣蔵の討ち入りもこの頃ということで、この時代を想像してもらいたいと思います。

養生訓全八巻は次のようになっています。

巻第一　総論上
巻第二　総論下
巻第三　飲食上
巻第四　飲食下、飲酒、飲茶ならびに煙草慎色欲
巻第五　五官、二便、洗浴

巻第六　病を慎む、医を択ぶ
巻第七　用薬
巻第八　養老、幼を育つ、鍼、灸法

益軒の著作

三、大和俗訓
①天地が万物を生み育てる心を自分の心とす即仁。
②不知不才の人も優れて得意がある、誰も役立つ。
四、和俗童子訓
①子供は生まれは皆同じ早く教えれば正邪を弁える。
五、楽訓
①心の内は楽しみを本とし欲に悩まされず天地万物の光景の美に感動すればその楽しみは無限である。
六、大和本草（鉱動植千三百六十種の解説付図三百）
七、筑前国続風土記（福岡藩内の地理書全三十巻）

5、五調ということ

日頃手近な健康法を考えて実践されている方もおられるでしょうが、心身の健康上重要でありながら案外軽視されていることも多いものです。天台宗の祖、智顗《チギ》が著わした天台小止観の中の「五調」をひもといて考えてみましょう。

それは、一に飲食を調節し、二に睡眠を調節し、三に身を調え、四に気息を調え、五に心を調える、これらのことを言うのです。

それは丁度、陶芸家が器を作る時、まず粘土をよい硬さに用意してから練り上げるように座禅を修行とするときの土台となるものであるというのです。

食事を調えるとは、食べ過ぎないこととまた、逆に食べないことも良くないことであり、体に良くないものも食べてはいけないということです。

睡眠を調うとは、眠りすぎないように努めるべきであると言います。睡眠をおさえて気分を清純に保って心を曇りのない清らかな状態に保っていくべきであると言います。

調身法は、背骨を真っ直ぐに立てる。体は泰山の如く風が吹いても少しも動かない様相をさす。そのためには、まず体の安定を確保できる場所を探すことであります。

体全体を調整し、始めに自按摩をするように手足を動かしてから正座する。

頭、首筋を正す。鼻とへそが一直線となるように姿勢を正し、偏らず傾かず俯くもこと反り返ることもなく、顔を真っ直ぐにむけて正しく身を保つ。

調息法は、全身の力を抜き、下腹部に力を満たして、鼻から静かに息を吸って丹田にみたしついで腹中にあるだけの息を残りなくはきだすことであります。

息はつかえることもなく音も出ず、静かに吐き、静かに吸い、体を安穏な状態に導き、心に喜びを感じさせるような呼吸の仕方になっていく。滞りも淀みもない呼吸の仕方であります。

調心法とは、落ち着かない心、勝手気ままに振舞う心、沈んだ心、浮動した心、のんびりした心、落ち着きを欠いた心等を、調えることであります。

心には、緩む面とか、緊張する面とか、色々あるので、心の状態に合わせて調えるのが良く、緊張し高ぶっている状態とか、緩み切った状態とか、それにあわせて、身をひきしめたり、のんびり気分の状態をただすとか、心身の状態に応じた、調え方を示しています。

調身、調息、調心が基本として重要なことは、広く取り上げられていますので、それらを参考に、実践してみてはいかがでしょうか。

6、からだの恒常性の維持（ホメオステーシス）

益軒は、病気のもとは、内欲と外邪であると説き、外邪を、寒、暑、風、湿の四つであると言う。つまり、外邪とは健康ないしは生存への配慮として外部環境に適切に対処することへの重要性を指していると思います。

アメリカの生理学者のW・B・キャノンは、著書『からだの知恵』で、人体には二つの環境があると述べています。

一つは、生物全体を取り囲んでいる一般的な環境であり、もう一つは、からだを作っている要素に最も適当な生存条件を与える、からだの内部にある環境であると説いています。

そして、その内部環境を一定の条件に維持することの必要性があることを説いて「内部環境の恒常性を維持すること」＝ホメオスターテス、と解説しています。

例えば、血液の成分の塩分、糖分、脂肪分、カルシウム分、他がある限度内で必要であることは理解していますが、体温の維持とか、酸素呼吸の必要性とか、言われてみれば確かに重要な働きを、からだの内部で行っていることを思い起こすことができます。その正常な働きこそ、「生きる力」の基本であると言えましょう。

7、自律神経の働き

人体には、環境の情報を受けて脳に伝える感覚神経系、身体各部を動かす指示を脳から伝える運動神経系があります。そして、内臓や身体内部の働きを指示する自律神経系の三つがあります。

自律神経は、生命を維持するために、呼吸器や、循環器、そして消化器といった内蔵の機能をコントロールしているのですが、それらの働きを活発にさせるように働く交感神経と、その働きを緩やかに落ち着かせる副交感神経の二つにわかれています。緊張場面とか、戦闘態勢のような場面では、筋肉を活発にさせる内部態勢が必要ですし、平穏なのんびり場面では、静かで順調な内臓状態におくほうが適切です。つまり、この二つの働きは、アクセルとブレーキのように互いに反する働きをして、内臓をコントロールしているわけです。ただ、その利点というか、欠点は、その働きを自動的に行っていて、本人自身の意志にはよらないことであります。本人がしたくなくても、自律神経が勝手に働いて、緊張状態をつくり出したり、空気が希薄でもないのに、神経が勝手に希薄状態を演じてくれてしまったりすることです。自律神経が、勝手に反応して本人を苦しめるようなことが起きないように、心身を鍛える必要があるのはそのためです。

8、自律訓練法とは

私達は、日常生活をしている中で、何かの折に余計な緊張をしすぎて困るとか、上がり性なので何とかしたい等と、心の悩みを抱える方がいます。そうした心の解決法として昔から色々な方法が考えられてきましたが、その一つにドイツの医学者の考案した自律訓練法があります。心身症の治療に広く使われている治療法であります。

一、それは、症状者が、自分で自分自身の病状を改善するということ。

二、同じ練習を積み重ねていくことで効果が得られること。

という特色があります。

その概略を示しますと、次のようです。

①一人で楽な姿勢で椅子に腰掛け、自ら心の中で、自分に暗示をかけるように思い込み心を落ち着かせること。

②六段階の訓練法からなっています。それは「腕が重たい」の実感から、「腕が温かい」の実感、「心臓が静かに脈打っている」「楽に呼吸している」「お腹・胃の辺りが温かい」「額が心地よく涼しい」の実感を順次に訓練していく方法です。

これによって自律神経が改善されることを目指しているのです。

9、瞑想の為の心の持ち方

「どうも上がり性なので、座禅でもやってみたい」とか、「瞑想すれば、少しは気が強くなるかしら」等と聞くことがあります。

中国の天台山で修行した、智顗（中国天台宗祖）『天台小止観』という有名な書に、座禅や瞑想に当たっての、心得の大事な点が詳しく解説されています。

ごく掻い摘んで、記してみます。

一、五つの欲望をしっかりと責め立てておきましょう。

五欲とは、色・声・香・味・触の五つで、感覚的対象に対する欲望です。例えば、あたりを圧倒するような美しい人であるとか、身近に見る言うに言われぬ麗しい色や、見る人たちにとらわれる心を起こさせて、悪い心を起こさせるように導くもとであります。

二、声の欲望を責め立てておきましょう。
琴・笛・箏・琴などの音色です。人をまどわし、色々悪い行為に走らせるものです。

三、香の欲望を責め立てておきましょう。
食べ物の美味しそうな匂いや香、もろもろの薫香です。

四、味の欲望を責め立てておきましょう。
食べ物や、ご馳走の良い味のものは、よこしまな振舞を行わせる原因となるものです。

五、触の欲望を責め立てておきましょう。
心地よさを感じさせる種々の感触は欲望を起こさせて過ちや罪を起こさせるもとになります。

以上の五つは、とらわれの心がそれらを追い求めてもろもろの辛苦を嘗めることになるからです。

次に、五つの蓋を捨てることを説いています。項目だけ簡略に記します。

蓋とは、心に覆いかぶさって良い心の成長を妨げるものです。

それは、貪欲・怒り憎み・睡眠・棹（身、口、心の落ち着きのないこと）・疑い、の五つを去ること。

そして、次は五項目の調和です。

五項目とは、飲食・睡眠・身・呼吸・心の五つを好ましい状態に整えておくことが大切だ、と説いたといいます。

10、からだが心に灯を点す

貝原益軒は、養生訓で「心はからだの主人で、からだはその使用人の関係だから、心は努めて平静に、からだは動くことを心掛けるように」と記しています。

健康増進のためには誠に的を得た、大切な心得でありますが、心とからだの二元論として述べている訳ではないと思います。

現代は、からだと心は互いに密接な繋がりがあるとして、心身一元論や心身統合説が唱えられております。

ビル・モイヤーズ著『こころと治癒力』の中で、アメリカの行動神経科学センターのキャンディス・パート教授の説によりますと、こころは私達のからだのすべての細胞のなかにあります。ですから、からだの知恵と言うのは、頭が考えて、するべきことをからだに命令するわけではありません。からだはなすべきことがわかっているのです。

脳とからだのコミュニケーションは、常に無数の情報交換によって連携がはかられているのです。細胞と細胞は色々な情報をやりとりしていますが、その中に、感情が伝えられるということで、感情の伝達というものが、状況を大きく左右することにもなると述べられています。感情の分子の働きを説いています。

11、心と体のコミュニケーション

キャンディス・パート博士の説は次の通りです。

こころと体は常にコミュニケーションを取り合っている。情報伝達分子が一方から他方へと運びこまれている。からだは脳の下受人として、情報が伝えられるだけではなくて、からだから脳へ伝えられる情報によっても動かされるもので、生理作用とか感情の動きは、双方のコミュニケーションによって行われていると言います。

からだというのは、日々何をすべきかわかっています。一々、脳の指図を受けずとも何をなすべきかわかっていて活動しているのです。感情を伝える化学物質もからだの細胞の中にあることがわかりました。感情はからだの中に発生し、感情が健康を左右することもわかってきたと述べています。からだの細胞に心があることを知ることが大事だと、パート氏は述べています。

こころと体と、その役割は別々のものであり、司令は全て脳にのみあるこころから出ているという考え方は改めて、体の細胞全てにあると言われる、こころや感情を再認し、その重要性について考えていくことが必要であると思います。

久保隆司氏は、『ソマティック心理学』で、自分のからだと心のつながりを通して、また人と人との肌の触れ合いを通して、困難な時代を共に生き抜いていくための心理学であり、その実践としての心理療法なのですと、述べています。そして、身体と心理・精神は不断に相互的なコミュニケーションを行い、影響を与えあっているという基本認識です。

身体と心は、コインの両面のようなものであって、一つの実体の二つの相なのです。「心身一元論」の立場を明確にしています。

この「心身一元論」「心身統合説」は、東洋医学にも相通じるところがあり、近年の主流ではないかと思います。

人間の脳の解説として、脳の三層構造ということが言われます。

脳の部位をその働きから大づかみに三区分して、植物脳、動物脳、人間脳とします。植物脳は、生存に関する作用を司る部位、動物脳は本能や情動を司る部位、そして人間脳は思考や認知を司る部位に分けるものです。脳の働きの内容が理解しやすい命名のように思います。脳の神経細胞の数は約六百億とも言われています。役割に応じて神経から神経へと伝達物質によって情報が伝えられて、脳としての働きをしているわけです。

マクリーンは、これを三位一体脳説として、脳幹を爬虫類脳、大脳辺縁系を哺乳類脳、大脳新皮質を人間脳としているのと一緒ですね。

ここで皮膚を、第三の脳としていることは、調べてみる価値のある提案だと思います。

12、まとめ

地球上の生物は、植物と動物に分けられます。

それぞれの生き方を比べて見るに、植物は終生一所に屹立し、声も出しません。動物は、自由に駆け回り、欲望のままに過ごして如何にも活動的に見えます。

どちらも、自然に、自由に生きているように見えます。

人間は、動物的な生き方に近いわけですが、健康状態が大きな課題であります。健康的に生きることは、人間の務めの一つでもあります。

筋骨たくましいことも、姿態の美しいことも、さらに容貌の魅力あることも、健康目標の項目の順位から言えば、末梢のほうになることは、だれも承知のことでありましょう。五体に不足があっても美しく輝いている人はいくらでもいるのです。

健康とは、むしろ動物性から遠ざかる生き方かもしれません。

動物の姿形は、魅力ある美しいものであります。価値あるものかもしれません。しかし動物の健康は、欲望充足の為のみのものであります。

人間の健康は、自己の本質を実現する為の前提でしかありません。健康が目的ではなく材料としてあるだけと思えば気が楽になります。

概観してわかることは、どれも私達の日常生活の中で見られるごく当たり前に考えていることばかりのようです。呼吸にしても、睡眠にしても、普段あまり気にしない、極端なことを言えば、テレビを見ながらとか、ほかの用事をしながら、片手間に済ますといったような状態です。日頃多忙な生活は、風景を楽しみながら移動する各駅停車ではなくて、なるべく早く目的地に到着したい新幹線の旅行のようです。

しかし、考えてみると、そのどれもが、健康や養生にとっては唯一大切な営みであることはわかっています。わかっていますが、いざ改めて改善するとなると、なかなか難しいことがわかります。そこに修行が必要になってくるのです。

平井富雄氏は、禅冥想の指導、実験から脳神経のデータの解析をされたりして、禅冥想による精神療法の意義を説かれています。そこでは、訓練と実践に負うところが大であると述べられています。

第三章　社会性を育む

運動会の種目に、二人三脚というのがあります。二人の足を一緒に縛って、目標の旗を一回りするあれです。どなたも経験があるかもしれませんね。

呼吸が合わないと、転んでしまいますし、速さが一緒でないと駄目です。

実は、人生もあの二人三脚の様なのです。

例えれば、家庭の営みも、職場の運営も、地域のそれも皆、運動会の二人三脚に似ています。以前親戚の女医さんから、「母と私の二人三脚で、病院をやっています」と、お手紙を頂いたことがありますが、まさにその通りですね。

二人三脚が、うまく運ぶか、転んでばかりか、その原因はどちらにあるかですね。

世の中、色々な場面で、二人三脚が行われていますが、何時も、相手が悪い、気が合わない、性格の違い、等と他人のせいにばかりしていては、物事前進しません。

まずは、自分から態度を改めるくらいの度量が必要です。工夫次第でうまくいかなかった二人三脚もうまくはかどるでしょうし、相手の態度も変わってくるでしょう。

人生、出会いが大切ですが、出会いにおいても自分の向かい方で出会いの向きが変わってくるものです。二人三脚も出会いも、改善は自分にあることを知りましょう。

1、集団の中に入る時

人は、人が集まって話等している所に入る時、ちょっと抵抗を感じることがあります。家で家族等が雑談している場と、あまり面識のない人の集まりの場とでは、人数に関係なく緊張の度合いが違いますね。

これは、自分をどう見せようかという態度の取り方に迷うからだそうです。

一、自分へのこだわりが生まれ、例えば低く見られたくない。

二、自分と相手との相互の認め合い、余り差が出ないようにしたい。

三、近づきのための適切な言葉が見つからない。

四、相手に対する情報がないので、どの程度自分を出して良いか不明である。

相手達はどのような立場で、自分を見ているかを判断すべきと考えているからです。こちらのことをどの程度知りたいのかを考えると、どのような態度で、何処まで表わしてよいかが考えられるものです。

余計な緊張や、不安な様子は、相手にも同じ気分を与えるので好ましくないことは確かです。なるべく飾らない、平静な態度が一番でありましょう。

2、小林一茶のこと

我と来て遊べや親のない雀
親と子の三人連れや帰る雁

一茶の有名な俳句で、皆様ご承知の所でしょう。雅語や古語を使わないごく日常的な口語で歌われていますので、大変親しみ易い句となっています。哀愁を帯びた寂しさに沈む子供心を、サラッと歌っている様にも思われるのですが、実は一茶の境遇から思えば、これは誠に深刻な悲惨な境地を歌ったものであることがわかります。

一茶の俳句の特色は、無技巧で季節感より生活感の感じられるもの、そして子供の生活とか、大衆の感情を歌ったものが多いようです。

俳句を幾つか挙げてみましょう。

夕空や蚊が鳴き出してうつくしき

一寸の草にも五分の花咲きぬ

雀の子そこのけそこのけお馬が通る

わか竹やさも嬉しげに嬉しげに

苔清水さあ鳩も来よ雀来よ

おさなごや笑ふにつけて秋の暮

たのもしやてんつるてんの初あはせ

今日からは　日本の雁ぞ　楽に寝よ

夕桜　家ある人は　とくかへる

夏山や　一人きげんの　女郎花

しづかさや　湖水の底の　雲のみね

朝顔の　したたかぬれし　通り雨

夕空や　蚊が鳴き出して　うつくしき

秋の夜や　旅の男の　針仕事

露の世は　露の世ながら　さりながら

是がまあ　つひの栖か　雪五尺

月花や　四十九年の　むだ歩き

一茶作品の特色は

①子供の句は、子供らしい動作表情を表現している。

②生あるものへの命の賛美が歌われている

③表情、動作、風情等を的確に捉えて生き生きと表現している。

④自身苦労した生涯を素直に表現して感動を呼ぶものとなっている。

⑤擬態語、擬声語を使い、素直で生き生きとしたものとなっている。

実生活において数々の苦労を乗り越えなければならない一茶には、何時も鋼のような強い意志で対処することが欠かせなかったと思います。しかもなお、一方において、幼児を見ては優しい言葉、小さい生き物には愛しみの情を掛けて俳句を詠んでいます。

一茶の生きる力には、何時も強い力とともに思いやりの心がかくれていたのでありましょう。

3、一茶の生涯

一茶は、長野県信濃町柏原の農家の生まれ。一七六三年（宝暦一三年）江戸後期です。三歳の時、生母が死去し、継母に冷たくされ十四歳で江戸に出て奉公生活の後二十五歳で俳句葛飾派に入門して俳句を始めました。俳句修行やその指導で各地を回り、流寓生活を送りますが三十九歳のときに父が倒れ、長野に帰り看病したり、遺産分割で家族ともめたりします。

五十一歳で結婚しますが、妻や後妻、三人の子ども、多くの身内の死去にあったり、家の大火にあう等、不幸続きのうちに六十四歳で亡くなりました。

一茶作品の、現代風な軽妙洒脱、庶民的生活感動の優れた作品からは考えにくいほどの生活の破綻苦心があったと思います。あるいは耐えられないほどの苦労があったと推測される中で、二万余に及ぶ俳句作品を生み、現在広く県下に多数の一茶俳句句碑が見られる金字塔を打ち立てた、一茶の「生きる力」の偉大さに敬服させられます。

俳諧師となれば、何より人と接することが大事な仕事であろうと思います。

境遇の不幸を乗り越えて、道一筋に進んでいく、他力の当てにならない一茶の自力の強さに驚かされます。環境のせいではなく、「生きる力」の自身の工夫こそ求められるものであろうと教えられます。

4、努力の人一茶

二十五歳で、葛飾派に入門し、俳諧師匠として一本立ちする為に大変な努力をしたと思われます。俳諧の専門の学習はしたでしょうが、文学素養を身に付ける為に古事記、万葉、日記、物語、地理等、幅広く読書し学習したということです。門人は一茶のことを評して「天性、清貧に安坐して、世をむさぼる志、露ばかりも無し。よだれもすぐ句となる。一樽の酒に百吟、その句の軽み、人をして絶倒せしむ。世、こぞって一茶風と持て囃す」と言ったと。

俳諧師匠となり、その社中形成とその指導は主として房総地方において活躍したが、渡辺弘氏の研究によれば、立ち寄り回数は、例えば、

馬橋五十八回、流山四十六回、布川四十一回、木更津十七回、富津十四回、金谷十四回、

その他合して六十九ヶ所にも及んでいるということです。

訪ねていって人に会うということは、大変にエネルギーのいることでありましょうし、人を勧誘するとか、交渉となると、ストレスから、お断りという人もありましょう。

一茶の努力家の一面を見る思いがしますが、あるいはその努力とか、コツということについて、アメリカ・カーネギーの著書『人を動かす』を思い出します。

『人を動かす』には、例えば、「人に好かれるためにはどうすればよいか」とその具体的な方法を解説されています。

原則一　心からの関心をその人に寄せる
〃　二　微笑を絶やさない
〃　三　名前とは本人にとって、どんな言葉より心地よく、大切なものである
〃　四　よい聞き手になり、相手に自分の話をさせる
〃　五　相手がなにに興味を持つかを考え、それを話す
〃　六　相手に「自分は重要なのだ」と感じさせる——心からそうする

一茶は、これらのことを承知していたかどうかは、わかりませんが、少なくも人に会うときは、話がうまく行くようにコツの様なことを考えていたに相違ないと思います。何事にも、自分は苦手と最初から決め込んでいる人も多いものです。しかし、実際にやってみると案外、うまく行ったという経験の方も多いでしょう。困難と思われる事柄にも敢然として立ち向かう、前向きな態度の重要性を一茶から学べるような気がするのです。

5、出会いの効果

出会いの効果について、窪寺俊之氏は、その著『スピリチュアル学序説』において次のように述べておられます。

一、人との出会いの効果は、次のようです。

①自分を受けとめてくれる人、また、親しい人とか、自分を受けとめてくれる人との出会いは、人格的な面で、

=新たな生きる力を得ることができる。

＝新たな生き甲斐の発見につながる。
＝新たな洞察や啓示を与えてくれる。
②自分と同じ病気を受けとめて生きている人に会う。
自分と同じ苦しみを受けとめて生きている人に会う。
＝新たな認識を得ることができる。
＝その人の視点、人生観、価値観が、自分を見直す機会となる。

二、自然との出会いがもたらすものは、
①自分自身が自然の一部であることを認識する。
＝自然への回帰が不思議な期待感となる。
＝自然の普遍性に心の目が開かれる。
②自然の生命も自然の法則の中にあることを知る。

三、文化との出会いが教えてくれるもの。
①人間の苦労努力の後に、人を感動させるものが生まれる。
＝多様な文化遺産に触れると、共感を生み、親しみをもたらし人を感動させる。
＝高貴なものへの限りない願望が描き出されて、自分の存在の意味に気づく。

②自分の生と重なって、慰めや励ましとなる。

四、音楽、絵画、童話、絵本、詩歌等との出会いは、①それぞれの持つ特性が、魂の奥にあるものを引き出してくれる。

五、宗教との出会いとか、夢との出会いも、それぞれに人にいろいろなインパクトを与えるものであります。

窪寺氏は、殊に、「人間らしく」とか「自分らしく」等のスピリチュアリティーな苦痛に対しても、出会いの活用をすすめています。

6、人と人とを結ぶ言葉

恩師米津千之先生の詩があります。

ことばのいのち

ことばは心のたべものです
明るいことば

すなおなことばを
かみしめかみしめて味わえば
心の窓がひらけます
　風のささやき水の音
　小鳥や蝶や草花の
　小さな声まで聞えます

×　×

ことばは大切なさずかりもの
昔からみがきにみがきかけられて
いまでは誰もが持ってる宝
　いつでもどこでもはたらいて
　見たり聞いたり思ったたままを
　そのままことばは伝えます

×　×

ことばは人と人とをぬいあわす

糸の役目もはたします
やさしいことばの種をまき
みんなでつくる花のその
　とび出よとびでよことばのいのち
　今日より明日を美しく
　世界をむすべ一つにむすべ

言葉の大切な命をうたっています。

論語では、言葉の使い方の重さを教えています。「共に言うべくして、これと言わざれば、人を失い、共に言うべからずして、これと言えば、言を失う」と。

言葉の力が如何に大きいかは、皆様既に経験していると思われますが、だから人とはあまりつきあいたくないという方もいる訳です。

確かに、こちらの気持ちがうまく伝わらず、誤解になってしまうこともよくあることです。反対に、かけた言葉を非常に喜ばれて、良かったという経験をした方も多いでしょう。

正に言葉こそ、大切な道具、道具と言うより自分の心かもしれません。言葉を磨くとは心を磨くことかもしれません。

人情の機微や世相の実相を巧みに捉えた一茶は、言葉の使い方は巧みであったろうと思いますが。

言葉や挨拶にあまりこだわらないのが、良寛禅師ではないかと思います。それが魅力でもあったろうと思いますが。

飾らず、心からの出会いを大切にしたのが、良寛禅師ではないかと思います。

7、良寛の歌

良寛禅師は、昔の学友や知人から万葉集やその他の古典を借りて大変に勉強したらしいです。彼も沢山の作品を残していますが、作品からその人柄も想像できるものであります。

山かげの岩間をつたふ苔水のかすかにわれは住みわたるかも

自分のことを、沙門と自署して修行僧であるという自覚のもと、寺も持たず檀家も頼らず、静かな山野の庵に住んで一見、人を避けているように見える良寛禅師であるが、その和歌から、人恋しで、人への愛情ことさらであった心情を読み取ることができるように思われます。『良寛歌集』から見てみましょう（読み易いよう適宜漢字変換）。

出会いのよろこびを歌った歌

この宮の森のこ下に子供等と遊ぶ春日になりにけらしも
時鳥汝が鳴く声を懐かしみこの日暮らしつその山の辺に
我が待ちし秋は来ぬらしこの夕べ草むら毎に虫の声する
寂しさに草の庵を出て見れば稲葉おしなみ秋風ぞ吹く
この頃の寝ざめに聞けば高砂のおのへに響くさお鹿の声

山里の草の庵に来て見れば垣根に残るつはぶきの花

梓弓春になりなば草の庵をとく出て来ませ会ひたきものを

人待ちを歌った歌

我が宿を訪ねて来ませ足引きの山の紅葉を手折りがてらに

梓弓春のに出でて若菜つめどもさす竹の君しまさねば楽しくもなし

山吹の花のさかりは過ぎにけりふるさと人待つとせしまに

草の庵に立ちてもい《ゐ》てもすべのなきこの頃君が見え《ゑ》ぬ思へば

こひしくば訪ねて来ませわが宿は越の山もとたどりたどりに

心あらば虫の音聞きに来ませ君秋の野良とをなれるわが宿
行く秋のあはれを誰に語らましあかざ篭にれて帰る夕暮れ
月はたち日はつもれどもよひよひの夢に見えつつ忘らへなくに

8、出会いの尊さ

出家して長岡の閻魔堂に住んで修行をしていた貞心は、著名な良寛に是非会いたいものと思っていたが、文政十年秋、島崎村の木村家草庵に住んでいた良寛を訪ねることができました。以後、たびたび良寛を訪ねて、教えを乞い師弟の縁を結びました。

貞心尼編集の『はちすの露』に見る良寛と貞心尼との心の交流から、二人の師弟愛と求道心の高さからその「出会い」の尊さは、人々を魅了してやまないものとなりました。

小林司氏は、哲学者マルティン・ブーバーの言葉を引用して次のように述べています。

「真に生きている時間というものは、出会いのある時間なのだ。出会いこそ、生き甲斐をもたらすきっかけになるものなのだ。自己実現は、出会いによって進んでいき〈生き甲斐〉を形作る。その出会いとは、心と心を通い会い、本音と本音の触れ合いという、精神的な出会いを意味している」と。

小林氏は、更に付け加えます。

「出会いとは、タナからボタモチのように、先方からころがりこんでくるものではなくて、準備状態が完成していなければ、機会は逃がしてしまうものだ」と。正に、貞心尼の心の準備が、その出会いを意義あるものに仕上げたのでありましょう。

9、一会一灯の情愛

良寛が、春の日に子供等と遊びに夢中になり日の暮れるのも厭わずに遊びほおける姿は、逸話として数多く語られているようですが、数多くの逸話の中には真偽の程はともかくその懇ろさ、誠の心は本当のようであります。それは、彼の旅出の時の備忘帳にも、必需品として、頭巾、手拭い、扇子、銭、と共に、手毬、はじき、をあげていることにも子供らとの「出会い」を期待してのことであろうと思われます。

別の話では、昼時になって、懇意の百姓家を訪ね「カカア、カテはできたかや」と言い、「ああ、できた」と聞くや、づかづかと上がり込んで腹一杯食べて、「ああうまかった」と言って去っていったという逸話もあったそうです。

誠に、親密な間柄の気持ちの持ち主かと思われますが、その反対の話もあります。

各地を行脚していた萬丈という人が、四国土佐を回っていて雨にあい、一夜の宿を頼もうと、とある粗末な庵を見つけて宿を請うたが、大変に粗末なものであったと、記していました。そこにいた僧は初めにものを言った後は、一言も言わず、座禅もせず、念仏も唱えず、眠りもせず、話しかけても、ただ微笑するだけであったと。

一夜明けて、その僧が読書する本にその僧が書いたらしい古詩が見えたので、書を一筆お願いしたところ、誠に見事な書であったのでびっくりした、と旅の紀行文に書き残しているということです。

良寛さんの出会いで、最も偉大な出会いは、貞心尼との出会いであったことは何方もお認めでしょう。敬慕と親愛の師弟の慈愛あふれる相聞は『はちすの露』に歴然と披瀝されております。良寛さんにとっての「出会い」は一見多種多様のようにも思われますが、その心は、一つではなかったかと思います。それは相手の心に灯を点す「良寛さんに会えて良かった」と相手に思わせるような一言であったり、気配りであったり、だと思います。出会った人に「一会が一灯」となるような、温かい心を何時も持てると良いですね。

10、良寛と貞心尼の出会い

良寛が、晩年の寄寓地として島崎村の木村氏の別舎で過ごしていた時に、良寛の評判を聞きつけて、尼僧となった貞心尼の来訪をうけ、ここに師弟の真摯な求道の道と、相互信頼の情で結ばれた師弟の語らいを、貞心尼編集の歌集『はちすの露』から引いてみてみましょう。

◎始めて相見奉りて

君にかく相見る事の嬉しさ未ださめやらぬ夢かとぞ思ふ

かへし

夢の世に且つまどろみて夢を又語るも夢もそれのままに

●出会いの喜びといつまでも会っていたい心

◎いと懇ろなる道の物語に夜も更けぬれば

白妙の衣手寒し秋の夜の月中空に澄み渡るかも

　されど尚明かぬ心地して

向かい居て千代も八千代も見てしがな空行く月の事問はずとも

かへし

心さへ変わらざりせば這ふ蔦の絶えず向はむ千代も八千代も

◎待ち望む心

●良寛が貞心尼の来訪を待ち望んでいた

君や忘る道や隠るるこの頃は待てど暮らせど訪れのなきる

天が下に満つる玉より黄金より春の初めの君が訪れ

秋萩の咲くを遠みと夏草の露を分け分け訪ひし君はも

梓弓春になりなば草の庵をとく出て来ませ逢ひたきものを

◎逢わずにはおれない

●道中の苦労も忘れて来てほしい

我が宿を尋ねて来ませあしびきの山の紅葉を手折りがてらに

又もこよ草の庵をいとはずば薄尾花の露を分け分け

うちつけに飯断つとにはあらねども且つ休らひて時をし待たむ

●死を見つめて

形見とて何を贈らむ春は花夏時鳥秋はもみぢ葉

人との出会いというものが、如何に人の心を勇気づけあるいは生き甲斐感を強めるものであるか、良寛と貞心尼の先の相聞歌の例からもわかるところであります。

現実の社会生活においても、人と人の出会いが大きく情勢を変え、極端には運命をも変えるほどのものであることは皆さんも、実際に眼にされていることでしょう。

「出会い」とはもともと、人と人が出会うことの意味でしょうが、実は人間は実際生活において、自分から進んで、あるいは偶然の機会に先方から出現して、それが効果を生むということも経験されている方も多いでしょう。

回りの自然的あるいは文化的あるいは抽象的にと、回りのものに、目を向けるその人の眼力に関わることもありましょうが、広く「出会い」を解釈すれば人それぞれに色々と活用の範囲がひろがるものでもあります。

11、良寛の略年譜

郷土の偉人は郷土の誇りとは、その地に一歩足を踏み入れてみると、人々の深く敬慕されている証を実感することができます。良寛はその代表かとも思われます。

長岡地域振興局発行の『良寛たずね道』では、「良寛の里」として、生誕の地として出雲崎、仮住まいの地として寺泊、定住の地として分水、燕市、父の生誕の地として与板、終焉の地として和島の案内記事から、良寛の足跡からその生涯の理解や親しみの情もわく思いがいたします。

『良寛たずね道』から良寛さんの生涯を抜粋してみます。

宝暦八年　（一七五八）出雲崎の名主、橘屋の長男として生まれる。
　　　　　幼少時、国学学習塾に学ぶ。
安永四年　（一七七五）光照寺に入門、剃髪。
安永八年　（一七七九）国仙和尚に随い、備中円通寺に赴く。良寛と名のる。
寛政八年　（一七九五）この頃帰郷し、各所を転々と暮らす。
文化元年　（一八〇四）五合庵に定住する。
文化十三年（一八一六）乙子神社草庵に移る。
文政九年　（一八二六）島崎の木村元右衛門の邸内庵室に移る。
文政十年　（一八二七）貞心尼が良寛さんを訪ねる。

天保二年（一八三一）貞心尼、弟由之らに看取られ示寂す。
七十四歳。隆泉寺の木村家墓地に葬る。

良寛さんから親しく薫陶を受けた、貞心尼が、良寛の死後にまとめた歌集『はちすの露』の序文に、良寛の経歴等を紹介した文章があります。その一部を現代語で概略して引いてみます。

良寛禅師と申す方は、出雲崎の橘氏の長男でしたが、十八歳で剃髪されて、備中の玉島の圓通寺の和尚の国仙という大変徳の優れた方を師匠として、修行されました。また、世に有名な方々を遠近を問わず訪ねて学ぶこと二十年ばかりで遂にその道を極められて、故郷にかえられましたが、住いはあちらこちらと転々とし、その後、国上の山に上り三十年を経て、島崎の木村某がお慕い申して、空いていた庵をお見せして住んで頂いた。その六年後に亡くなられた、とあります。その後業績にも詳しく触れられています。

原文は、大変味わい深い文章で綴られておりますので是非原文で、お読みくださることをお勧めしたいと思います。

相馬御風氏は、『良寛百考』において次のように述べています。

「両者の関係は、或時は親子のそれであり、或時は兄妹のそれであり、或時は最も親しい心友のそれであり、更に或時は最も清い意味での恋人のそれでさへもあったろう。清くして温かく、人間的にして而も煩悩の執着なく、霊的にして而も血の通った、美しく尊くいみじき愛――まったく私はいつも此の良寛と貞心との交わりを思う毎に、何ともいえない心のうるほいに充たされるのである」と。

「良寛は老境に達してから浄い女の貞心から看護をうけた。本当の意味の看護である。この二人の因縁は極めて自然である」と、斉藤茂吉は述べたといいます。

出会いには、色々なものがありましょう。人は誰でも、良い出会い良くない出会いの経験をお持ちでしょう。しかし、総じて、出会いは意義あるもの、大切なものであることが多いように思われます。千載一遇の語もあるように、出会いは貴重なものと考えたほうがよさそうです。人との出会いは勿論ですが、書物との出会い、芸術品、音楽との出会い、自然との出会い、殊に、印象的な出会いとなるのは、自分の境遇と遠い物事や人との出会いは、心に強く響くものが有り、考え方を広げることがあったりするので、意義あるものとなることも多いと思われます。

12、人間関係と感情

スポーツジムに通う子供達は、健気にもその厳しい指導に耐えて練習に打ち込んでいます。コーチの厳しい言葉にも、それが自分が成長するには大切な事柄であることを信じて、めげずに通っているのです。その教室が自分を育ててくれるのだという自覚を持っているのでそれに耐えることができるのでしょうね。

演技がうまくいった時、コーチは、大きく動作し、声を挙げて、練習者を称えます。演技が失敗ばかりの時、コーチは、怒りを堪える態度を示してから、少しばかり不満をぶちまけます。子供はそこで、子供自身も感情を持ちますが、コーチにならって感情を押さえたり爆発させたりします。感情とは制御できるものという体験をします。スポーツの演技指導を受けながら感情の制御の大切さを学んでいきます。

集団は、人間関係を構築していきます。人間関係には個々の感情が大きく影響することもあります。感情が人間関係を変えることもあります。人間関係の中で、成員それぞれが生きる力を発揮していくにはどのような感情態度が必要かを考えて対処していくことが必要です。そしてまた、感情教育は、重要な教育課題であることを押さえた上で、人間関係をうまく処理していくことが重要なことであります。

13、まとめ

人生二人三脚だと申しましたが、二人三脚では、人数は、二人であります。しかし、人生の二人三脚は、人数は色々です。相手が一人のこともあれば四、五人からの集団になることもあるわけです。

人生どうしても相手と組まなければなりません。但し、相手は人とは限りません。自然もあれば動植物もあります。機械もあれば微生物もあります。相手と気が合う合わないを言う時、自分の方に目を向けてみることも大切なことで、多くの場合自分の思い込みに原因があると言えるからです。配慮の仕方から性格面まで考える必要があるかもしれません。人は感情の動物と言われます。感情によって物事を決めてしまいがちです。殊に対人の場合に小さな理由に拘わって連携が取れない等のことが起きてはよくありません。

相棒におんぶするばかりも良くありません。「こちらが変われば相手も変わる」ということをよく聞きます。誠意という言葉が大事なものとなっていくのはこのような時ではないでしょうか。

人は、相手が必要です。相手は人とは限りません。励みのもととなる相手が必要です。そして、美しい二人三脚を歩んでほしいと思います。

第四章　楽しみを持つ

1、癒やしのこと

携帯電話で遠くの人と話をしたり、人工衛星を宇宙に飛ばしたり、人類の新しい発明発見の歴史は誠に目覚ましいものがあります。全ては人間の脳の働きによるもので、人間とはなんと素晴らしいものかなと驚くばかりです。

そんな素晴らしい人間世界でありながら一方で、悩みも持っているのです。昨日友達に言われた言葉が気になって夜も眠れないという悩みを抱えてしまったり、朝出かけようとしても体が重くなって出かけられないとか、心や体が思うようにならず、何もできないという悩みを抱え込む人もいるのです。

世の中が進んだおかげで、生活は向上したわけですが、反面、その反動として所謂、ストレス社会と言われるような現象も招いたわけです。

そこで、必要なことは対応策の策定でしょう。ストレス対応策を考え、心身の回復安定の方策を自分なりに実施していくことです。日頃自分なりに「癒やし」を活用する習慣をつけておけば、悩みとならずに済ますことも可能です。

「働くこと」と、「癒やすこと」とは、生活の二大要素と考えるべきとは、新しい生活の考え方かもしれませんね。

2、楽しみを見つけて暮らす

幕末の歌人に橘曙覧《たちばなあけみ》という人がおりました。福井の紙商の旧家の長男ですが二十五歳の時、家業を弟に譲り、国学と短歌の勉強の為京都に出て、本居宣長の門人田中大秀に師事しました。大変粗末な家に住んでおりましたので、殿様から、志濃夫廼舎《しのぶのや》の翁という号を下賜されたというほど清貧で有名な歌人でした。

その歌の中に、日常生活を歌った、独楽吟として、五十二首の歌があります。

清貧な生活に甘んじながらも日々を楽しむ心意気の感じられる五十二首であります。そのいくつかを挙げてみます。

たのしみはまれに魚煮て子供らが旨し旨しと言ひて食ふ時

たのしみは心をおかぬ友どちと笑ひかたりて腹をよる時

たのしみは草の庵のむしろ敷きひとり心をしずめおる時

曙覧の生活は、もとより貧しいものでしたから、その苦労や悩みを歌った歌も数多く見ることができます。しかし、その苦しみや悩みを乗り越えて、楽しい心で過ごしたいという、マイナスをプラスに感じて生きたいという、前向きな姿勢こそ、生きる幸せを思う時には大事なのだと、思いたいことであります。

3、日常平凡の中に幸せを見ている曙覧

橘曙覧の短歌『独楽吟』の中で、彼は、心が慰められるとか、心の癒しとしては、どんな場面を取り上げているか、その歌われているものをいくつか考えてみることにしましょう。

たのしみは紙をひろげてとる筆の思いのほかに能くかけしとき
たのしみはももかひねれど成らぬ歌のふとおもしろく出きぬとき

これらは趣味としての習字とか作歌の楽しみをうたっています。

たのしみは朝おきいでて昨日まで無かりし花の咲けるみるとき
たのしみは庭にうえたる春秋の花のさかりにあへる時々

自然を友とし、野山に楽しむ心を歌っていると思います。

たのしみはそぞろ読みゆく書の中に我とひとしき人をみしとき
たのしみは野山のさとに人逢いて我を見知りてあるじするとき

日常での出会いの楽しさを実感しているものでしょう。

たのしみは衾《ふすま》かづきて物がたりいひをるうちに寝入たるとき
たのしみは三人の児どもすくすくと大きくなれる姿みるとき

たのしみは家内五人五たりが風だにひかであ りあへるとき

家族の健康とりわけ子供達への思い等がそのまま幸せに繋がっている様子がわかります。

『独楽吟』には、日常の何気ないことにも大きな幸せがあることを歌っています。機会がありましたら是非、他の歌も味わってほしいと思います。

4、橘曙覧の楽しみとは

たのしみは木芽煮して大きなる饅頭を一つほほばりし時
たのしみは妻子むつまじくうちつどひ頭ならべて物をくふ時
たのしみは門売りありく魚買て煮る鍋の香を鼻に嗅ぐ時

食事は楽しいものです。しかし、毎日のことであり、普通のこととなって事新しく感じることというより、当然のこと、権利のことことなって、改めて感じないのが普通でしょう。益軒は、養生訓で、食事の時は、五思を思って感謝して食することを勧めていますが、改めて、たのしみと思うことは、味わうべきことでしょう。

たのしみは昼寝目ざむる枕べにことことと湯の煮てある時
たのしみは田づらに行きしわらは等が耒鍬《すき》とりて帰りくる時

平穏無事の日常の出来事ですが、そんな平和な風景の中で生きている自分の幸せを感じているのではないかと思います。

たのしみは人も訪ひこず事もなく心をいれて書を見る時
たのしみは珍しき書人にかり始め一ひらひろげたる時

家業を弟に譲り、京都に出て国学の勉強を始めた、橘曙覧の第一の楽しみは読書にあったに違いありませんね。

たのしみは書よみ倦めるをりしもあれ声知る人の門たたく時
たのしみは心おかぬ友どちと笑ひかたりて腹をよる時
たのしみは湯わかしわかし埋火を中にさし置て人とかたる時

時に人が訪ねてくれて、心おきなく語り合うことができれば、そんな楽しいことは他にはないと言いたげで、その気持ちはよくわかることであります。心友を持つ楽しさ、出会う楽しさは、誰もが望むところでありましょう。

たのしみは意にかなふ山水のあたりしづかに見てありく時
たのしみは空暖かにうち晴れて春秋の日に出でありく時

野山を訪ね自然に接する時、晴れ晴れとした気持ちになり心から癒やされる気分になるのも事実で、楽しみとしては無上の部類に入るものといえるかもしれません。曙覧は、自然に接することも多かったのかもしれませんね。

独楽吟五十二首の歌を見る時、楽しさの実感をうかがうことができるように思います。日常誰もが体験しながら、見過ごしてしまうような、ごくありきたりの平凡な状況のうちに楽しさを思うということです。家族の元気な姿を見て、幸せをつくづくと感じている誠に貴重な有りがたい心情を歌っています。

5、橘曙覧のひとがら

橘曙覧は、福井県越前市の生まれであるが、二歳の時母を失い、十五歳で父を亡くしています。家を弟に譲り、都へ出て国学を学び作歌を志したということです。

清貧に甘んじたが、洒落た風のうちに高い気品を備えた歌を詠み、新生面を開いたということです。

独楽吟五十二首が有名ですが、叙景歌に優れたものも多いと思います。

両親を慕い、妻をいたわり、子供らを愛した情味豊かな作品は少なくないと言います。

正岡子規が「万葉以後において歌人四人を得たり　源実朝・徳川宗武・井出（橘）曙覧・平賀元義是なり」として橘曙覧を賞したと言われる程の名歌人と言うことができましょう。

ははそばのかげに五十のおきなさびのこるかひなき霜の下くさ

父母を追悼して詠んだ作等、彼の人間性の美しさには何人も心うたれるであろうと、竹下数馬氏は評されています。

6、橘曙覧の号のいわれ

橘曙覧の歌集を、『志濃夫廼舎歌集』と言います。

橘曙覧の故郷の福井藩松平侯が、彼の住まいを訪れたところ、そのあまりに粗末な佇まいであったのに感じて、その名を「志濃夫廼舎の翁」に改めるよう言われたのが、はじまりということです。西行にしても、長明にしても、「持つことを楽しむのではなく、心豊かなことを楽しむ」ということに徹した橘曙覧であったという面目躍如たる逸話であろうと思います。その心はまた、独楽吟の歌で味わうことができましょう。

殿様に誉められた橘曙覧は、顧みてどう思っていたでありましょうか。清貧とは言葉は奇麗ですが、内実の苦労は大小色々であったでありましょう。そうした折に、苦労や悲しみを笑顔で乗り越えることこそ我が本性と、何度も思ったに違いありません。曙覧にとって「生きる力」とは、「辛い心を明るく変える力」ではなかったでしょうか。独楽吟を詠う時、生きる力の高揚を実感していたのではないでしょうか。

7、野口雨情の人となり

野口雨情は、明治十五年に茨城県北茨城市磯原の旧地主の長男として生まれました。本名は英吉。水戸光圀公が海を眺めたいと作った別邸「観海亭」を後に賜った家柄。早稲田に進学するも家の再興に呼び戻されて、事業家の娘ヒロと結婚するが、家の再興をヒロに託して上京。坪内逍遥の指導を受け、白秋、御風、露風、未明等と交友、文学に打ち込みます。

三十八歳「十五夜お月さん」発表、喝采を拍する。

三十九歳「船頭小唄」大ヒット、次々童謡を発表する。

四十四歳頃より、全国講演活動を始める。

昭和二十年一月、六十三歳で永眠す。

作品にシャボン玉、青い眼の人形、雨降りお月さん、黄金虫、赤い靴その他

正風童謡論、童謡教育論を唱えます。

童謡とは童心性そのものをわかり易い言葉で歌うもの、清新純朴な感情をそのまま歌うもの、気分を歌う。感情に訴え、気分を歌うもの。童謡は子供の心の公園となるもの。心の慰安、干天の慈雨である。物質主義の欠陥をただしたい等をとなえました。

童謡の心を再認識したいものであります。

野口雨情の作に、ヒットした「枯れすすき」の名曲があります。

「おれは河原の枯れすすき　おなじお前も枯すすき……」、作曲者中山晋平によって、「船頭小唄」と命名されたそうですが、名曲というのはきいていると、心にジーンとひびくものがありますね。

8、雨情の童謡を歌ってみましょう

あの町この町

あの町　この町
　日がくれる　日がくれる
今来たこの道
　帰りゃんせ　帰りゃんせ

お家がだんだん
　遠くなる　遠くなる
今来たこの道
　帰りゃんせ　帰りゃんせ

お空の夕の
　星が出る　星が出る
今来たこの道
　帰りゃんせ　帰りゃんせ

雨降りお月さん

一
雨降りお月さん
雲の蔭《かげ》
お嫁にゆくときゃ
誰とゆく
ひとりで傘《からかさ》
さしてゆく
傘《からかさ》ないときゃ
誰とゆく
シャラシャラシャンシャン
鈴つけた
お馬にゆられて
濡れてゆく

七つの子

烏　なぜ啼くの
烏は山に
可愛《かわい》七つの
子があるからよ

可愛可愛と
烏は啼くの
可愛可愛と
啼くんだよ

山の古巣に
行って見て御覧
丸い眼をした
いい子だよ

十五夜お月さん

十五夜お月さん
ご機嫌さん
婆やは　お暇《いとま》とりました

十五夜お月さん
妹は
田舎へ　貰《も》られて　ゆきました

十五夜お月さん　母《かか》さんに
もう一度
わたしは　逢いたいな

シャボン玉

シャボン玉　飛んだ
屋根まで飛んだ
屋根まで飛んで
こわれて消えた

シャボン玉　消えた
飛ばずに消えた
生れて　すぐに
こわれて消えた

風　風　吹くな
シャボン玉飛ばそ

證城寺の狸囃

證、證、證城寺
證城寺の庭は
ツ、ツ、月夜だ
皆出《みんな》て来い来い来い
己等《おいら》の友達ァ
　ぽんぽこぽんのぽん

負けるな、負けるな
　和尚《おしょう》さんに負けるな
来い、来い、来い、来い来い来い
皆出て、来い来い来い
證、證、證城寺
證城寺の萩は
ツ、ツ、月夜に　花盛り
己《おいら》等の友達ァ
　ぽんぽこぽんのぽん
（上田信道編・野口雨情百選）

9、音楽は心を癒す格好のもの

アメリカでは、精神療法として、早くから専門の「音楽療法士」による治療で、機能発達とか精神障害、不安、老化等の改善に取り組んでいるということです。

身近に日常の心の癒しや、心の回復に音楽を利用している方も多いと思います。

多忙で多岐な現代社会において、心の休息として、疲労の改善として「癒し」の意義を再任し、自分にあった「癒し」を活用したいものであります。

仕事から帰宅して、着替えたらまずリラックスしたいと、好きな音楽を聞きに自室に入るという人がいると思います。好きな音楽が、心を落ち着かせて癒してくれることを良く知っている方だと思います。

ストレスや心身の不安定に音楽が効果的であることは広く知られています。アメリカでは、音楽療法士の方が一万人以上いるとか、最近日本でも音楽療法は行われているようです。音楽が治療手段として、大変有効であるとみとめられているのです。

音楽療法に用いられる音楽とは、楽器演奏、歌唱、音楽鑑賞、ダンス、と音楽全般がもちいられています。療法の時間組み立てては、例えば、一回のセッションの時間を四十五分とし週一回実施とし、六ヶ月を目標に行うというように組立てます。もとより、それは、音楽技法を指導するというものではなく、クライエントの心身の安定による自信の獲得とか諸症状の改善が目的のものです。

療法の対象としては、ストレスからくる心身症、発達障害、適応不安、無力感、老化現象の改善等です。

音楽療法士を待つまでもなく、自分で音楽を利用することは大いに勧められることだと思います。

音楽療法以外にも、癒しの方法はいろいろあるようです。

①自然療法＝山、河、湖と自然に接して心を癒す法。
②風景構成法＝治療者の指示に従って絵を描き、話し合いをする。
③箱庭療法＝箱の中に庭作り療法を実施して話し合いをする。
④ストレスを自己コントロールする転換法、集中法、連想法、試行錯誤法（平井富雄）
⑤個人で行う心の転換法＝娯楽、お酒、歌踊り（時実利彦）
⑥スピリチュアルケアー効果＝出会いの効果、人、自然、文化（窪寺俊之）

⑦遊びの工夫は自ずから癒しの工夫である（藤原成一）

「人の営みは、労しては寝、寝ては労する繰り返しである。寝ることは心身を遊ばせることである。癒しとは遊びである。遊びの工夫は、癒しの工夫である。日常の行住座臥をないがしろにしてはいけない。労する時空間の中にも間合いをとる遊びが見える。癒しと遊びの工夫は日本人の伝統である」と、藤原成一氏は述べています。チベットの仏教学者トンドゥップ氏が、癒しの実践を説かれる中で、日常生活を癒しとすることと説明しているのは、このことと同じ流れになると思いました。

10、音楽による治療法

音楽療法とは、音楽が持つ働きを心身の障害を回復させたり、諸機能を改善して生活の質を向上させる為に行われる治療法で、専門の音楽療法士の指導のもとに行われるものですが、その概略は次の通りです。

一、音楽療法に用いられる音楽は、

①器楽演奏…既成の音楽作品の再生や即興による演奏。

動機付けや完成時の達成感がねらいとして。
②歌唱………既成の作品を唱和する。即興で歌を作り歌う。
③ダンス……音楽に合わせた表現をし感情を表出する。
回想や感情の表出、共感等により不安緊張等の解消。
④音楽鑑賞…既成曲の鑑賞、回想し、想像し、感想を述べる。
二、個人による音楽種類の好き嫌いに配慮して、採用する。
音楽技術の向上を目的とするものではなく、あくまでクライエントの心身の安定や自身の向上を目的とするものであることに注意する。
三、療法時間の組み立て例。
①一回のセッションの時間は、四十五分とする。
②週一回とし、六ヶ月実施とする。
③音楽の表現能力ではなく、クライエントの訴えたかったものは何なのかを、治療者は自分の問題として受けとめることが大切。
四、療法対象となるもの
ストレスから来る心身症、不適応、不安抑鬱無力感等の心の悩み、発達障害、老化現象の改善等。

五、音楽療法でいちばん大切なことは、どんな音楽を使うかということであります。日常生活でも、仕事の疲れを癒すとか、ストレスがたまったのを解したいとか、好きな音楽を聞いて気分をさっぱりさせることは、誰もが行っている心身回復法であろうと思います。「音楽療法」と改まって言わずとも、音楽の治療効果は、大いに活用したいものであります。その際にも好きな音楽ということが一番であります。

11、楽しみを勧めた益軒

貝原益軒は、「楽訓」を書いて楽しむことの大切さを教えています。その概略を記してみます。

一、楽しむ姿勢

常に心の内には、天機が生かされて和らぎ、喜ぶ勢力の絶えないものがある。これを楽しみという。内の楽しみを本として耳目を外の楽しみを得る仲介として、欲に悩まされず、天地万物の光景の美に感動すれば、その楽しみは無限である。

と、基本を説いています。つまり、楽しみとは、身の回りにあり、自分の心の受け止め方次第ともいうことでしょうか。具体的に、旅・花・季節と日常を楽しむことを具体的に教えてくれるのが益軒の楽訓です。

二、楽しむものは

人と生まれて、その分に安じて楽しまないといけない。貧賤で世に認められなくても、その身が気楽で、静かで、心に憂いがなければこれを清福という。

心が風雅で、古書を読み、詩を吟じ、月花を愛し、山水を好み、四季の移り変わり折々の美景と草木の代わる代わる栄えて美しいのを見て楽しみ、貧しいが飢えと寒さの心配がなく、粗食でも口に慣れてその味を楽しめば、養生によろしい。

布の着物、紙の寝具でも多少寒さを防げばそれでよろしい。葎の生い茂った荒屋に起伏しして風雨の憂いがなければよい。書をたくさん抱えて書架に並べていれば貧とは言えぬ人の楽しさは善を行うより楽しいものはない。

書を読み、道を楽しんだり、良友と対座して道を論じたり、共に風月を賞したりするのは清福の優れた楽しみである。

旅行して他郷に遊び、名勝の地や山水の美しさ、佳境に臨むと良心を感じ起こしてくれ、けちくさい心を洗い濯ぐ助けとなる。沢山のことを代わる代わる楽しめば、朝夕の楽しさは極まるところがない。

三、楽しみを助けるもの

昔の俗曲、民謡の類で節の面白いのも、元気に一句一句歌って満足するのも、心の滅入るのを開いてくれて、気を養う助けとなろう。酒は天下の美禄である。少し飲めば心が大きくなり、憂いを消し、興も起こし、血気を巡らして楽しみを助ける。

一日を十日、一月を一年と思い、一年を十年と思って楽しむとよい。

まだまだ続きますが略して、参考になればと思います。

12、大切な自己満足感

「自分は幸福である」また「自分はやればできる」等の肯定的な自己認識は、大切なことだと言われていますが、そのために必要なことは、大坊郁夫氏によれば次の三つが挙げられています。

一、可能な限り多くの楽しみを持ち、しかも、楽しみを強めるスキルを持っていること。

二、積極的に関わりのある人生に挑戦したいと思った活動に自我を投入できる。

三、自分だけにとどまらない他方に役立つと信じているサービスを成し遂げる。

つまり、これらをまとめると、

自他相互の協調的な方向性

物質的より精神的な満足への指向性

ということになるそうであります。

親しい友人や家族との関係が良好な人ほど、その場の状況や社会的規範に合致した、自己高揚を行うことで、古人の適応性を高めることにつながっていると言えるそうです。

自分一人で居る時間よりも、家族や友人と居る時間が長いというのも社会性につながっていることのようです。

13、自然への気づきと山水の遊び

現代病の一つに、「失自然症」があると、池見酉《ゆう》次郎氏は指摘します。「自然の大いなる命に生かされていることに気づかず、自然への感覚や感性が鈍磨して、自然からの声が聞こえなくなっている病状である。その結果、外部環境としての自然の破壊だけでなく、内部環境の心身の荒廃も進んでいる。そこで自然への気づきとして気を活性化させ、人間の内なる自然治癒力、生命エネルギーを生き生きとさせることが必要である」といわれます。

東洋の治療法の調身、調息、調心等の心身コントロールや、静座法、瞑想法、自律訓練法等、様々なセルフコントロール法によって人間回復が図られるのであると思います。

しかし、それらの医学的な方法以外にも、古来から、自然への気づきとして、自然との交流を大切にしてきた歴史があります。

野辺に出て花を折り、草花を摘み、山野に出かけて歌い戯れ、自然の気みなぎる野辺で野生の遊びに戯れる等、自然との触れ合い交流を大切にしてきた歴史がある。

それら、自然との触れ合いが、大切な癒しにつながるのだと池見氏は力説します。山水は生命更新に欠かせないとは藤原成一氏も力説しています。

14、日本人の自然観と山への思い

和辻哲郎氏の『風土』には、次のように述べられています。

一、人間は、特殊な風土的な過去を背負うものである。つまり、地質、地形、気候、景観等、我々を取り巻く自然環境が、生活や自己了解を規定している。

二、日本の属する風土の型は、モンスーン型である。

季節風地帯であって、夏の半年は、熱帯の暑熱と湿気をもたらしている。湿潤は、大雨、暴風、洪水として人々に脅威を与えている。

三、人々は、暑熱と湿潤で植物が成育し、成熟し、動物的な生をも繁栄させるので豊かな自然として、受容的に把握して、忍従している。

和辻氏は「風土」の三つの類型を挙げ、モンスーン型が他の「砂漠型」「牧場型」に対して、無限に豊富な様態をもって、人間性や気質をもたらしていることを説いています。

安田喜憲氏は、『日本文化の風土』において次の様に述べています。

一、日本列島に人類の居住が始まったのは、約三万年前であるといわれています。地球上の気象変動の影響を凌いで、照葉樹林文化が根付き、多雨多湿、豊かな海洋に支えられて縄文文化が誕生し、森林を基底とする農耕生活中心の生活を築き上げてきました。

二、日本の農耕社会は、里山の再生力に強く依存する社会で、集落の背後の山地や丘陵には、雑木林やアカマツ林の成育する里山が広がっている。この風景が伝統的な日本の農村を代表するものである。自然と共にあり。自然を生かし、己を生かす、東洋的自然観の基本をなすものは相対主義である。

三、日本では、森林を保持し、その森林の資源を水田の肥料や土木用材として利用する方法で土地生産性の活用をする。里山を核とする地域システムの維持発展をさせてきた。円環的、循環的自然利用法である。

志賀重昂《しげたか》は『日本風景論』で、日本風景の特色を次のように述べています。

一、①瀟洒＝整って奇麗なこと。日本の秋にその特色が殊に見られる。
②美＝日本の春に殊に見られる。
③鉄宕《てっとう》＝雄大な風景と日本海岸太平洋海岸の相違。
④火山が多く、岩石の剥がれ落ちや、急流による浸食斜面が多い等。
二、この河や山の美しいこと、植物が多様なことが日本人の審美眼を養うものであるから無法に破壊してはならない。山水の間にゆったりとして深く味わい好ましく気高い心に自然に変えさせる拠所となることが多いので、やたらに捨ててはならない。

山岳への日本人の思いには格別なものがあるようです。それは、西欧での山への観念とはまたちがったものがあるようです。

山に対する畏敬の念、山の恵みへの依拠の気持ちや、信仰や修行の場と親しまれ、癒しの場となって、人々に受け継がれてきました。

二千年にわたり、代々受け継がれてきた、山に対するその思いを次の歌が代弁していると思います。

万葉集の歌を紹介しましょう。

「天地の　分れし時ゆ　神さびて　高く貴き　駿河なる　富士の高嶺を　天の原　振り放け見れば　渡る日の　影も隠らひ　照る月の　光も見えず　白雲も　い行きはばかり　時じくそ　雪は降りける　語り継ぎ　言い継ぎ行かむ　富士の高嶺は

反歌

田子の浦ゆうち出でて見ればま白にぞ富士の高嶺に雪は降りける

富士の山を詠む歌一首　併せて短歌

なまよみの　甲斐の国　うち寄する　駿河の　国と　こちごぢの　国のみ中ゆ　出で立てる　富士の高嶺は　天雲も　い行きはばかり　飛ぶ鳥も　飛びも上らず　燃ゆる火を　雪もち　消ち　降る雪を　火もち消ちつつ　言ひも得ず　名付けも知らずくすしくも　います神かも　石花の海と　名付けてあるも　その山の　堤める海そ　富士川と　人の渡るも　その山の　水の激ちそ　日本の　大和の国の　鎮めとも　います神かも　宝とも　なれる山かも　駿河なる　富士の高嶺は　見れど飽かぬかも

反歌

富士の嶺に　降り置く雪は　六月の　十五日に消ぬれば　その夜降りけり

作者の山部赤人は、千三百年も前の人であります。上古から既に人々は如何に、富士山を、畏敬し、愛慕し、崇拝の念をもって眺め、登頂してきたことがわかります。

歌中の「高く貴いこの山を、言い継ぎ語り継いでいこう」という文書に敬服させられるのであります。

15、癒やしの活用　一

この頃、「癒されました」とか、「癒やしの風景でした」等、よく聞くことがあります。それは、世の中が多忙になったせいか、何のせいか等考えるのですが、「癒やし」の意味も多少幅をもって使われているようです。

国語辞典を見ると、病気・飢え・苦しみ・悩みなどを治す、とあります。今は、更に広く、疲れをとる、気分をかえる、気を紛らす等の意味にも使われるようであります。

思いますには、それは、賢明なことでもあると思います。ストレスがあってもなくても、思った時には癒やしを摂るのがよいと思います。癒やしは自己の再生を手助けするものだからと思うからです。

癒やしの方法は多彩です。またその時々により、人によりて、一概には言えないでしょう。ただ、自分流を大事にすることです。自分にあったものでなければ癒やしに入らないでしょう。癒やしは遠慮しないで実行することです。

睡眠が、副交感神経の働きを活発にして、心身の再生に役立つように、心身の癒やしは心身の再生に効果的なものでありますから、適時適切に心から癒やせる自分流の癒やしを活用して、明日またおおいに活躍できるようにしてほしいと思います。

16、癒やしの活用　二

「癒し」とは、病気や苦しみを治療改善することでありますが、日頃の使われ方では、病気の治療と言うよりは心身の苦労や疲れを改善する意味に使われる場合が多いかと思われます。日常の疲れやストレスの改善は珍しいことではありません。むしろ「癒し」を心身の休息や憩い意味に使われることも珍しくはありません。

日常生活における「癒し」の広い範囲での必要性は、丁度呼吸の重要度ぐらいの意味があると思います。呼吸には日頃あまり考えずにいますが、息を吸う時よりも、息を吐くことに留意が必要な様に、生活における癒しの重要度があると言えましょうか。

「癒し」で大事なことは、癒される本人に一番適合する必要があります。

仕事から家に帰って、一息ついて、好きな音楽を一時楽しむという方も多いでしょうがこれも大事な癒しであります。

時実利彦氏は、心の転換法として、

　娯楽、歌と踊り、お酒、夢、等を挙げています。

平井富雄氏は、ストレス自己コントロール法として、

　心の転換法、試行錯誤法、集中法、連想法を挙げています。

17、癒しの多様性

藤原成一氏は、その著『癒しの日本文化誌』で、癒しの九種類を解説しています。その一つ、自然療法としての自然への気づきを説いています。日常生活を離れて野山の自然に

接し、あるいは海山の聖地を訪れて、外部の自然への気づきから、人間内部の生命エネルギーを生き生きさせるもので、万葉時代にも既に、野山に出て草花と遊ぶ様子が作品から理解できると述べています。

古人達は、古くから体験を通して野山に遊び、あるいは庭いじり、庭遊びにセラピー効果のあることを知っていたと言われます。

そして、「ゆめ治療」とは、例として京都の初瀬参りにおいて、夜の御籠りにおいて、夢を見ることができれば祈りが届けられる等、山に籠もって精進して、心身の疲れを癒し、霊夢の訪れを期待するもので、癒しとしては、聖地に籠もる特別なものと言えるでしょう。

そのほかに、音楽療法、箱庭療法、隠居療法、風景構成法などが紹介されております。

癒しは古代からあり、時代による変化も含めて、人間にとっての命の回復作用であり、心身の安らぎには欠かせないものであったことは確かでありましょう。その活用の必要性を古代から認められていたという人間の知恵に驚かされます。

18、究極の癒し

何時の時代でも、地上のどの環境でも、人間は癒しを必要とするものであります。また、「癒し」の効果的な利用によって、その後の生活が更に快適になることもよく承知しています。癒しの利用を避ける必要は微塵もありません。

種類、但し、その活用は、時により人により、大いに種類が多岐でありその時に応じて多様な形を取るものであることも確かで、その活用が時に変化しても一向に差し支えないところです。むしろ、癒しへの認識こそ必要不可欠なものであると思います。

ところで、人としての最大の癒しとは、究極の癒しとは、と考えた時に私はそれは「おやはらからの癒し」であると思い至りました。親兄弟との心の交流は、長い目で見た人生において、生きる心をよみがえらせる最大のものとして、それが癒しであると思います。ニュースでよく、お盆とかお正月の、高速道路の混雑ぶりを毎度報道しますが、あの行事こそが、人々の癒しを求める姿そのものだと思います。

暖かい親兄弟の心の交流こそ、生死を越えていても、写真や思い出の品であっても、心底からの心の行き来こそは、究極の最大の心の癒しであることに、思い至ったのであります。究極の心の癒しを大切に生きる力を育ててほしいと思います。

19、まとめ

寝ても覚めても仕事仕事の人は、誠に尊い人でありますが、現在では、仕事と癒しないし遊びを両立させることが大事なことと言われています。癒しないし遊びの重要性やその使い方について考えたいと思います。

一、癒しないし遊びを遠慮しないこと。

仕事を精一杯やって、心身ともに疲れて帰宅するのが現実でしょうが、その疲れはぜひ回復したいところであります。ですから、癒しに遠慮は無用です。自分にあった癒しを行ってほしいものです。

二、癒しは自分にあったものを選びたいですね。見栄とか何かの都合で好みではないものを選ぶとそれだけのものに終わってしまいそうです。なるべく自分にあったものにしたいですね。用法の工夫も必要かもしれません。

三、癒しとか遊びの、その効果は、相手にあるのではなく、自分の方にあると考えたいです。いくら、他の人が良いと言っても自分の場合はどうなのかは一考の余地がありま す。求める自分の心が安らぐものを見つけたいものです。そして、芯から癒されることが心身の回復に繋がるものだと思います。

あとがき

「生きる力」といえば、生物学で例えば、樹木の寿命とか、動物の生存年数の話題とかを、思い起こされることが多いと思います。

近年「生きる力」が時代性として教育の話題となったのであります。もともと教育の主たる使命は人に「生きる力」をつけさせることでありましたから、改めて話題となっても不思議はありませんが、ここで考えることは、生きる力の現代的に再認識の必要性が起きたことでありましょうか。平成八年七月に、中央教育審議会が、その答申において「生きる力」を教育の基本的方向の中心に据えることを提言されて、現場の課題として、その重要性が喚起されることとなりました。「生きる力」と一言で申しても、その内容は多岐に渡るものであります。従いまして、その提案においても、様々な議論が考えられて当然だと思います。ただし、なるべく基本に近いことを話題にすべきことは当然であろうと思います。

例えば、福沢諭吉の言葉ですが、

「世の中で一番寂しいことは、することのないことです」と。

することがなければ、気力も衰え、話題も持てず、日々の張りきり方も違ってくる等、生きる力を弱めることにもなるだろうと思えば、これもその範疇に入ることになりましょう。「人は生きるのではなく、生かされているのだ」等も、生きる力を論じるスタートになるものでしょう。生きることを話題にすると「でなければならぬ」「何々すべき」と、かたいことばかりだからと、堅苦しいから、と敬遠される方も多いのも実情でしょう。しかし、生きることが難しいという局面に出会うこともあるかもしれません。

しかし、人は生きなければなりません。生きることは人の務めです。しかし、それはその人の自由な生き方でいいのです。

私の好きな、小川未明の詩があります。

雲の如く　高く
雲のごとく　かがやき
くものごとく　とらわれず

自分の思いで、生きることをすすめています。

「生きる力」への関心は、どなたもお持ちのことと思います。また、時代の要請でもあるかもしれません。本書がその解決への糸口になれば有り難いことです。

本書の記述に当たり、お世話になった多くの方々のことが思い出されて深く感謝申し上げたいと思いました。殊に西東京市の教育を語る会の会員の皆様には、永年にわたるご交誼を賜っております。本書の完成に当たり改めて厚くお礼を申し上げる次第です。

出版に当たっては郁朋社の佐藤聡編集長様には格段のお世話を頂きました。厚くお礼を申し上げます。編集部の方々にも沢山の温かいお世話になりました。そして、妻節子には、沢山の内助を受けたお蔭で本書ができましたこと、深く感謝しております。

【著者略歴】

井口 範之（いぐち のりゆき）

生年月日	大正 10 年 9 月 18 日
生地	東京市麻布区霞町 6 番地（現・港区西麻布 1 丁目 6 番地）
最終学歴	国学院大学学部文学科Ⅱ部（昭和 25 年 3 月卒業）
校長歴	東久留米市立東中学校長（昭和 48 年 4 月～）
	同　西中学校長（昭和 50 年 4 月～）
	中央区立第三中学校長（昭和 54 年 4 月～昭和 57 年 3 月退職）
保谷市・西東京市教育委員会委員長（平成 10 年 10 月～平成 17 年 3 月）	
出版歴	昭和 41 年用中学校国語教科書（三省堂）編集執筆
	学習国語百科事典（三省堂）編集執筆
	新国語研究辞典（新学社教友館）執筆
	中学作文演習（正進社）編集執筆

生《い》きる力《ちから》を古人《こじん》に学《まな》ぶ

——円空《えんくう》・益軒《えきけん》・良寛《りょうかん》らから学《まな》ぶ今《いま》を生《い》き抜《ぬ》く力《ちから》——

2017 年 2 月 7 日　第 1 刷発行

著　者 — 井口《いぐち》　範之《のりゆき》

発行者 — 佐藤　聡

発行所 — 株式会社 郁朋社《いくほうしゃ》

〒 101-0061　東京都千代田区三崎町 2-20-4
電　話　03（3234）8923（代表）
ＦＡＸ　03（3234）3948
振　替　00160-5-100328

印刷·製本 — 株式会社東京文久堂

装　丁 — 宮田　麻希

郁朋社ホームページアドレス　http://www.ikuhousha.com
この本に関するご意見・ご感想をメールでお寄せいただく際は、
comment@ikuhousha.com　までお願い致します。

　ISBN978-4-87302-637-4　C0095